Hans Peter Kobler

Der Schlüssel zum neuen Lehren

Wege zum perfekten Unterricht

Angewandtes NLP

Reihe
Pragmatismus & Tradition
Band 58
Herausgegeben von
Thies Stahl

Hans Peter Kobler

Der Schlüssel zum neuen Lehren

Wege zum perfekten Unterricht
Angewandtes NLP

Junfermann Verlag • Paderborn
1998

Copyright © Junfermannsche Verlagsbuchhandlung, Paderborn 1998
Covergestaltung: Petra Friedrich
Coverfoto: Steven Peters, Tony Stone Bilderwelten

Satz: La Corde Noire – Peter Marwitz, Kiel

Die Deutsche Bibliothek – CIP-Einheitsaufnahme
Kobler, Hans Peter::
Der Schlüssel zum neuen Lehren: Wege zum perfekten Unterricht. Angewandtes NLP /
Hans Peter Kobler. – Paderborn: Junfermann, 1998.
    ISBN 3-87387-372-9

ISBN 3-87387-372-9

Inhalt

1. Wie Sie den größten Nutzen aus diesem Buch ziehen

Stellen Sie sich vor, Sie wollen ins Restaurant gehen und fragen jemanden, den Sie treffen, nach dem Weg dorthin. Sie bekommen zur Antwort: „Wissen Sie, es ist sehr wichtig, Vertrauen zu haben in seine eigenen Fähigkeiten und sich selbst. Wenn Sie sich nur genügend Zeit lassen, werden Sie Ihr Restaurant bestimmt finden." Sie wären sehr überrascht, besteht doch die einzig erwartete Antwort darin, daß die andere Person Ihnen mitteilt, welchen Weg Sie nehmen sollen.

Sie wären ebenso erstaunt, wenn Sie lernen wollten Klavier zu spielen und einen Klavierlehrer engagierten, der Ihnen dann einfach erklären würde: „Schauen Sie, probieren Sie es einfach aus. So lernen Sie am meisten. Lassen Sie sich überraschen, wie Sie selber die für Sie passenden Fertigkeiten entwickeln: die Fingersätze richtig zu wählen, die verschiedenen Tempi und Interpretationsweisen der verschiedenen Etüden und Stücke zu entwickeln."

Gewiß könnten Sie – vorausgesetzt Sie gäben Ihre Absichten nicht schon auf – sowohl das gesuchte Restaurant finden als auch auf irgendeine Art Klavier spielen lernen. Wieviel Zeit und Energie würde Sie das jedoch kosten?

Meine Absicht mit diesem Buch besteht deshalb darin, Ihnen konkrete Wege zu zeigen, wie Sie Ihren Unterricht mit geringem Aufwand sofort verbessern können. Ich mache Sie vertraut mit neuen und innovativen Ideen, unterbreite Ihnen Vorschläge zur Anwendung und zeige Ihnen Möglichkeiten auf, wie Sie daran arbeiten können.

Ich erinnere mich noch gut, wie ich vor vielen Jahren einen Fernkurs in Englisch gekauft habe. Mir wurde versprochen, daß ich garantiert Englisch lernen würde. Vorausgesetzt wurde lediglich ein kleiner Einsatz von zehn Minuten pro Tag. Damals überzeugte mich jenes Angebot, und heute bin ich überzeugt: Wenn ich es geschafft hätte, den geringen Einsatz dieser wenigen Minuten pro Tag zu leisten, hätte ich schon damals Englisch gelernt, wie es versprochen wurde. Das ist der springende Punkt: Man muß es tun! Regelmäßig! Systematisch!

Sie merken, worauf ich hinaus will. Wenn Sie bereit sind, für die Optimierung Ihres Unterrichts etwas zu tun, dann werden Sie garantiert den größten Nutzen aus diesem Buch ziehen. Wenn Sie bereit sind, regelmäßig und systematisch zu handeln! Den ersten Schritt haben Sie mit dem Erwerb dieses Buches schon getan. Sind Sie auch bereit, jeden Tag einen kleinen zusätzlichen Schritt zu gehen? Sind Sie bereit, einige Minuten Zeit bewußt und geplant für die weitere Vervollkommnung Ihrer Lehrerpersönlichkeit einzusetzen?

Wenn Sie diese Fragen mit Ja beantwortet haben, dann haben Sie die besten Voraussetzungen für den größtmöglichen Gewinn. Sie haben mit diesem Buch eine Anleitung zum praktischen Tun in Ihren Händen. Ich möchte Sie dazu einladen, jeden Tag etwas Neues auszuprobieren, zu üben und sich dadurch systematisch und bewußt zu verbessern. Gleichzeitig werden Sie auch erstaunliche Ergebnisse auf unbewußter Ebene aus der Lektüre und den von Ihnen durchgeführten Übungen ziehen. Vielleicht beziehen Sie auch das Wissen aus dem ersten Buch * mit ein. Wer die Verbindung dazu herstellen will, wird auf die entsprechenden Stellen aufmerksam gemacht.

Die konkreten Vorschläge dieses Buches betreffen alle Ebenen des zugrundeliegenden Unterrichtsmodells **, das heißt: Kommunikations-, Ziel- und Methodenebene. In besonderer Weise wird der Umgang mit den verschiedenen Hindernissen im Unterrichtsgeschehen herausgearbeitet.

Jedes Kapitel umfaßt eine abgerundete Hauptidee. Die Kapitel sind bewußt kurz gehalten. Es wird jeweils ein Vorschlag zur Umsetzung gemacht. Sie selbst wählen die für Sie passende Reihenfolge der Bearbeitung. Sie können beginnen, wo immer Sie wollen. Der einzige sehr eindringliche Vorschlag ist: Beginnen Sie! Beginnen Sie ... jetzt!

---

* vgl. Kobler H.P.: *Neues Lernen für das Land*. Paderborn: Junfermann 1995, ²1998 (die erste Auflage war unter dem Titel *Neue Lehrer braucht das Land* erschienen).
** vgl. Kapitel 2

2. Worauf es beim Unterrichten wirklich ankommt: ein Grundkonzept

Hervorragender Unterricht baut auf vier Hauptsäulen auf. Dieses Modell lege ich diesem Buch zugrunde.

Gestalten Sie die **Beziehung** zu sich selbst, den Lernenden sowie der Lerngruppe erstklassig. Besonders hervorheben möchte ich: Es geht Ihnen besser beim Unterrichten, wenn Sie auch gut für sich selbst sorgen.

Zweitens: Seien Sie klar und durchsichtig mit Ihren **Zielsetzungen**. Sie beziehen auch die Vorstellungen der einzelnen Lernenden sowie der Gruppe in die Überlegungen mit ein.

Drittens gestalten Sie den **Unterrichtsprozeß** so einwandfrei wie nur möglich.

Viertens verfügen Sie über Methoden, um mit der besonderen **Herausforderungen** hilfreich umzugehen, die in jeder Lehrphase auftreten. Diese Techniken können Sie entweder bewußt erarbeitet haben, oder sie sind schon in Ihre Persönlichkeit eingewoben, so daß sie automatisch im richtigen Zeitpunkt zum Tragen kommen.

1. Basiskommunikation: Wie Sie optimalen Rapport aufbauen und aufrechterhalten

Ein Zustand, bei dem Sie sich intensiv auf eine einzelne Person oder Gruppe beziehen, heißt Rapport. Dies geschieht ohne bewußtes Wissen. Rapport ist Voraussetzung für eine gute Kommunikation. Als Meisterlehrerin und -lehrer sorgen Sie für dieses Fundament, weil Sie wissen, daß Ihre Schülerinnen und Schüler besser lernen, wenn die Beziehung stimmt. Sie brauchen nicht einmal bewußt zu wissen, wie Sie diesen optimalen Zustand geschaffen haben, damit sich die besten Auswirkungen zeigen. Sie können jedoch Rapport auch ganz bewußt und willentlich herbeiführen. Wenn Sie dies über längere Zeit bewußt üben, machen Sie sich diese Fähigkeiten später ganz zu eigen, so daß Rapport dann automatisch und unbewußt abläuft.

Um Rapport aufzubauen, müssen Sie sehr wach alle Ihre Sinne öffnen. Sie können immer genauer und rascher sehen, hören und fühlen, wo die Schüler im Augenblick stehen, wie sie sich fühlen und wie deren innere Beteiligung ist. Sie gewinnen Ihre Informationen über bestimmte wahrnehmbare Hinweise, wie zum Beispiel die Art der Sprache, verwendete Worte, Sprachmelodie, Körpersprache und Augensprache. Mit diesem Wissen können Sie Ihre eigenen Reaktionen besser abstimmen auf die Aktionen Ihrer Schülerinnen und Schüler. Sie selbst und die Lernenden fühlen sich besser. Die Bereitschaft, unterrichtet zu werden und lustvoll zu unterrichten, steigt.

Rapport herstellen bedeutet die Anpassung Ihrer Verhaltens- und Denkweisen an den Zustand Ihrer Lerngruppe. Dadurch wird der Kontakt mit dem Weltmodell der Schüler hergestellt, deren Art zu denken, zu fühlen, zu interpretieren. Anpassung heißt:

➤ Anpassung der Sprache in Inhalt, Ton, Volumen, Tempo, Sprechart;
➤ Anpassung in der Körpersprache, Mimik, Gestik, Gesamtkörperhaltung, Atem, Motorik und Feinmotorik;
➤ Anpassung an Denkmuster und Wertauffassungen;
➤ Anpassung an die gruppendynamischen Prozesse.

2. Zielklarheit

Für einen guten Unterricht ist es wichtig, daß alle Beteiligten wissen, wohin die Reise gehen soll. Zielklarheit bringt viele Vorteile mit sich, wie zum Beispiel:

➤ Die Motivation vergrößert sich.
➤ Die Verantwortung wird auf alle verteilt.
➤ Der Rapport wird erhalten und vertieft.
➤ Echte Fragestellungen werden bearbeitet.
➤ Es besteht Einsicht in Planung, Methoden, Zeitstrukturen.
➤ Die Zielklarheit wirkt prophylaktisch bezüglich auftretenden Konflikten.
➤ Das individuelle Engagement wird erhöht.
➤ Das Lernen findet selbstgesteuert statt.
➤ Die Mitbeteiligung der Lernenden ist groß.

10

➤ Die Lernbedingungen sind emotional günstig.

➤ Es treten weniger Ängste auf.

➤ Die Kreativität wird gesteigert.

➤ Die Lernergebnisse sind besser und nachhaltiger.

➤ Lernwiderstände treten weniger auf und sind weniger stark.

➤ Die Entscheidungsfähigkeit wird trainiert.

➤ Die Selbstwahrnehmung wird geübt.

Wir gehen davon aus, daß Ziele um so griffiger sind, je mehr sie bestimmten Kriterien entsprechen. Motivierende und erreichbare Ziele erfüllen folgende Bedingungen:

➤ Es wird genau untersucht, von welchen Lernvoraussetzungen ausgegangen werden kann.

➤ Ziele sind so genau formuliert, daß sie mit persönlicher Anstrengung erreicht werden können.

➤ Ziele werden so benannt, daß klar wird, wo, zu welchem Zeitpunkt und wie sie auftreten werden.

➤ Die ganze Breite zwischen IST- und SOLL-Zustand wird thematisiert. Einerseits soll klar sein, wovon man sich wegbewegen, und andererseits, worauf man sich zubewegen will.

➤ Ziele sind gut, wenn sie alle Sinne einbeziehen.

➤ Ziele sollen in der Vorstellung zu einem persönlichen, eigenen Teil werden.

➤ Ziele beziehen vorhandene und mögliche zukürftige Fähigkeiten mit ein.

➤ Bei motivierenden Zielen sind vor allem – dies ist einer der Kernpunkte – auch die Nachteile thematisiert, die sich durch das Erreichen einstellen können. Jede Veränderung bringt sowohl Vor- als auch Nachteile mit sich.

3. Wirkungsvoller Lehrprozeß

Es gibt sieben Bereiche, die den Lehrprozeß maßgebend bestimmen:

1. das Fachwissen;
2. der wirkungsvolle Vermittlungsprozeß;
3. die Ja-Haltungsorientierung;
4. die Fähigkeitenorientierung;
5. die Beachtung der individuellen Lernstile;
6. die bedeutsame Inhaltsauswahl;
7. die hilfreiche Erfolgsprüfung.

1. Fachwissen

Als bestqualifizierte Lehrerin und Lehrer haben Sie das fachspezifische Wissen so erarbeitet, daß Sie sich voll und ganz den kommunikativen Vorgängen zuwenden können. Das Wissen beinhaltet Fakten, Inhalte, Lern- und Lehrstoff, das methodisch-didaktische Können sowie lernpsychologische und gruppendynamische Aspekte.

2. Wirkungsvoller Vermittlungsprozeß

Wir gehen davon aus, daß Unterricht um so spannender, ansprechender und ergiebiger ist, je wirkungsvoller Sie unterrichten. Das heißt: Sie beziehen alle Sinne in den Unterricht ein. Sie setzen geeignete Hilfsmittel ein, die das Sehen, Hören, Fühlen, Riechen und Schmecken der Schüler aktivieren. Weiterhin verwenden Sie bewußt eine wirkungsvolle Sprache. Sie sprechen alle Sinne der Schülerinnen und Schüler an, indem Sie absichtlich abwechselnd Wörter verwenden, die alle Sinne betreffen. Sie handeln systematisch und ritualisiert. Gleiche Abläufe geben den Schülern Sicherheit und Klarheit. Diese Systematisierung von Abläufen betrifft zum Beispiel: Anfänge, Beendigungen, Übergänge von Einzel- zu Gruppenarbeiten und umgekehrt. Weiterhin können bestimmte Verhaltensweisen, die systematisch in gleicher Art und Weise erfolgen, bestimmte innere Zustände rasch und automatisch wiederbeleben, wie zum Beispiel die Aufmerksamkeitsrichtung nach außen oder innen, die Konzentration auf die Sache oder die Gefühle, die Einleitung in einen freien Assoziationsfluß oder in einen Bewertungsprozeß usw. Systematisches, gleiches Vorgehen hilft auch dabei, eine gemeinsame Disziplin zu entwickeln.

3. Die Ja-Haltungs-Orientierung

Wir gehen von der Annahme aus, daß Schülerinnen und Schüler, die bejahend hinter dem momentan laufenden Unterrichtsgeschehen stehen, besser und mehr lernen als Schülerinnen und Schüler, die den Unterricht oder die Lehrperson offensichtlich oder hintergründig ablehnen. Es ist deshalb sehr wichtig, daß Sie möglichst früh erkennen, wenn Schüler innerlich kündigen. Dann ist es wichtig für Sie zu wissen, wie Sie den Schülerinnen oder Schülern helfen können, wieder am Unterrichtsgeschehen mit ganzem Herzen teilzunehmen. Anders gesagt: Es geht darum, Nein-Haltungen in Ja-Haltungen zu verwandeln.

4. Die Fähigkeitenorientierung

Fähigkeitenorientiert handeln Sie dann, wenn Sie Ihre Aufmerksamkeit auf die Fähigkeiten der Schülerinnen und Schüler richten. Es steht dahinter die Überzeugung, daß die Lernenden grundsätzlich alle Möglichkeiten zur Verfügung haben, um ertragreich zu lernen. Jede Verhaltensweise einer Person dient einem tieferen, oft versteckten, unbewußten Plan, der auf das „Beste" abzielt. Lehrende können sich diese Auffassung zunutze machen im Umgang mit den Schülerverhaltensweisen, indem sie auf die hintergründig positiven Absichten konzentriert sind. Vordergründige Verhaltensweisen gewinnen dadurch eine faszinierende Tiefendimension und erscheinen in einem positiven Licht. Bei der Fähigkeitenorientierung beleuchtet man die Qualität der Suppe, anstatt das Haar in der Suppe zu suchen.

5. Die Beachtung der individuellen Lernstile

Als einflußreiche Lehrperson gehen Sie davon aus, daß Schüler mit verschiedenen Lernstilen ausgestattet sind. Sie unterscheiden zwischen mindestens drei Grundformen: der auditiven, visuellen und kinästhetischen Lernform. Jeder dieser bevorzugten Stile erfordert eine entsprechende Lehrweise. Auditiv Lernende wollen in einer auditiven Weise unterrichtet werden, indem Sie den Lehrstoff vor allem über das Sprechen auf verschiedene Weise übermitteln. Visuell Lernende können den Stoff am besten verstehen, wenn sie ihn auf visuelle Art vermittelt bekommen. Visuelle Mittel kommen zum Einsatz. Sie als Lehrperson verwenden vor allem eine visuelle Sprache und Körpersprache. Kinästhetisch Lernende begreifen den Lernstoff am besten übers Tun. Sie sollen deshalb dazu angeleitet werden, zu lernen, indem sie Dinge ausprobieren dürfen. Sie werden zum Handeln ermutigt. Es ist ein Lernen, das mit Hilfe von „Vormachen" und „Nachmachen" realisiert wird. Bei diesem Prozeß ist zu beachten daß Sie den Körperkontakt zum Schüler sehr wichtig nehmen.

6. Bedeutsame Inhaltsauswahl

Gute Lehrer passen die Lehrinhalte den Bedürfnissen der Lerngruppe an. Die Auswahl der Themen und die Art der Erarbeitung entspricht dem Erfahrungshintergrund der Lernenden. Die Themen sind erfahrungsnah aufgebaut, so daß sie im konkreten Leben der Schüler eine Verknüpfung finden.

7. Hilfreiche Erfolgsprüfung

Beim Unterrichten ist es wichtig, Lernerfolge auf hilfreiche Art zu prüfen. Sie können dabei folgende Apekte beachten: Machen Sie Ihren Schülern klar, was sie lernen müssen, um das Ziel auf die beste Weise zu erreichen. Führen Sie Prüfungen oft und in regelmäßigen Abständen durch, damit die Schüler rasche Rückmeldungen bekommen, die die notwendigen Korrekturen ermöglichen. Die unterschiedlichen Lernstile sollen berücksichtigt werden, indem auditiv, kinästhetisch und visuell geprüft wird. Ganz wichtig ist es, dafür zu sorgen, daß Prüfungen ein neutrales oder noch besser angenehmes Gefühl hervorlocken. Prüfungen sollen die „Aura" von – neutral ausgedrückt – Feedback oder Lernkontrolle bekommen.

Von diesem Grundmodell gehen wir in diesem Buch aus. Es sei nochmals zusammengefaßt: Sie unterrichten dann exzellent, wenn Sie ganz einfach dafür sorgen, daß Sie:
1. für einen optimalen Rapport zwischen sich und den Schülern sorgen;
2. die Ziele für alle Beteiligten klar halten;
3. die Unterrichtsmethoden für alle bestens auswählen;
4. auftauchende Hindernisse auf jeder Ebene als Chance nutzen.

Die ersten drei Säulen dieses Konzepts habe ich in meinem ersten Buch ausführlich dargelegt. Es ist unter dem veränderten Titel *Neues Lernen für das Land* in zweiter Auflage beim Junfermann Verlag erschienen.

Sie haben sich jetzt die Kernideen gerade nochmals kurz angeschaut. Ich kann Ihnen die Lektüre des ersten Buches sehr ans Herz legen, wenn Sie sich ausführlich darüber informieren möchten. Sie können jedoch den Ausführungen dieses Buches auch bestens folgen ohne dieses Vorwissen.

14

3. Stellen Sie die richtige Diagnose bei schulischen Herausforderungen

Wirkungsvoller Unterricht umfaßt drei Hauptebenen: 1. die Basiskommunikation oder das Kommunikationsgeschehen (Rapport). 2. die Zielklarheit und 3. die methodische Ebene.* Auch wenn Sie bestens unterrichten, begegnen Sie trotzdem auf jeder dieser Ebenen Störungen. Diese sind in der Regel zu erwarten und wünschenswert, zeigen sie Ihnen doch die Richtung für Ihr weiteres Vorgehen an. Die auftretenden Hindernisse sind Hinweise dafür, wo Sie Veränderungen und Anpassungen vornehmen müssen. Weil Sie als Lehrperson während des Unterrichtens oft gefangen sind in der Fülle der Aktivitäten, legen Sie sich keine genaue Rechenschaft über die Ursachen der Störungen ab. Dann melden sich altbewährte, gute Interventionen, die sich geradezu aufdrängen. Oft treffen Sie mit diesen gutgemeinten Reaktionen jedoch die falsche Ebene. Zum Beispiel können Sie noch bessere Tagraumprojektorfolien bereitstellen, sich noch mehr Zeit für die methodische Unterrichtsvorbereitung einräumen, um den auftauchenden Problemen zu begegnen. Dabei ist des Rätsels Lösung in Schwierigkeiten auf der Beziehungsebene zu suchen. Oder Sie diskutieren noch genauer die Zielsetzungen mit den Schülern aus und laufen dabei ins Leere, weil das Problem auf der Rapportebene liegt. Bei einer anderen Herausforderung verwenden Sie noch mehr Zeit dafür, die Beziehung zu den Schülern zu verbessern. Trotzdem zeigen bestimmte Schüler immer wieder ungenügende Leistungen im Bereich der Rechtschreibung, weil das Problem eben nicht auf der Rapport-, sondern der methodischen Ebene begründet liegt. Dort müßten Sie eine Intervention entwickeln.

---

* vgl. Kapitel 2

Jede Ihrer Reaktionen auf Hindernisse auf der unangemessenen Ebene hat Folgen: Sie lösen das Problem nicht. Manchmal vergrößern Sie es sogar noch aufgrund Ihrer gewählten Lösung.

Deshalb ist es wichtig, daß Sie sich Zeit dafür geben, in einem ersten Schritt die richtige Lösungsebene herauszufinden. In einem zweiten Schritt können Sie dann nach Ihrer konkreten, maßgeschneiderten Lösung suchen.

Sie haben jetzt Gelegenheit, Ihre kleinen oder größeren Problembereiche zu untersuchen und die Ebene, auf der sie existieren, zu bestimmen.

Testfragen zum Einordnen der Problemstellungen

Nehmen Sie sich die Zeit, die Sie benötigen, um die folgenden Fragen zu beantworten. Sie können diesen Vorschlag auch in mehreren Etappen ausführen, sofern Ihnen dies nötig erscheint. In der Regel brauchen Sie dafür jedoch etwa 20 Minuten, um zu einem zufriedenstellenden Ergebnis zu kommen.

Aufgabe A

Spalte 1	Spalte 2	Spalte 3
Geht es Ihnen hundertprozentig gut als Lehrer, mit Ihrer Klasse und den einzelnen Schülern, Eltern und Kolleginnen und Kollegen?	Antwort: Nein Was hindert Sie daran zu sagen: Es geht mir hundertprozentig gut. Notieren Sie diese erste Idee, die Ihnen in den Sinn kommt, als Stichwort. Fahren Sie fort mit Spalte 1	Antwort: Ja Dann ist für Sie alles bestens. Die Aufgabe ist für Sie hier beendet. Sie können sich selbst gratulieren. Sorgen Sie dafür, daß es so bleibt.
Können Sie jetzt, nachdem Sie den ersten Einwand innerlich auf die Seite gelegt haben, sagen: Jetzt geht es mir als Lehrperson hundertprozentig gut? Lassen Sie sich einen Moment Zeit, um zu spüren, welche innere Reaktion Sie wahrnehmen können.	Antwort: Nein Was hindert Sie daran zu sagen: Es geht mir hunderprozentig gut. Notieren Sie diese zweite Idee. Fahren Sie fort mit Spalte 1	Antwort: Ja Sie haben ein Problem herausgefunden. Jetzt geht es darum, herauszufinden, auf welcher Ebene dieses Problem stattfindet. Wenden Sie sich der Aufgabe B zu.

16

Angenommen, Sie hätten die beiden Probleme gelöst. Könnten Sie sich dann sagen: Jetzt geht es mir hundertprozentig gut? Usw. usf. Fahren Sie mit dieser Frage so lange fort, bis keine Probleme mehr auftauchen.	Antwort: Nein Was hindert Sie daran zu sagen: Es geht mir hundertprozentig gut. Notieren Sie diese dritte Idee. Fahren Sie fort mit Spalte 1	Antwort: Ja Sie haben zwei Probleme entdeckt. Jetzt geht es darum, herauszufinden, auf welcher Ebene diese zwei Probleme stattfinden. Wenden Sie sich der Aufgabe B zu.

Aufgabe B

Sie haben auf Ihrem Blatt eines oder mehrere Probleme als Stichwort aufgeschrieben. Teilen Sie die Problemstellungen in drei Kategorien ein: 1 = großes Problem; 2 = mittleres Problem; 3 = kleines Problem.

Entscheiden Sie sich jetzt für ein Problem, für das Sie als erstes die Ebene bestimmen möchten.

Beantworten Sie die folgenden Fragen. Wenn Sie eine Frage nicht beantworten können, weil sie auf Ihr Problem nicht zutrifft, wenden Sie sich der nächsten zu.

	trifft zu ◄──────► trifft nicht zu						
	6	5	4	3	2	1	0
a) Die Beziehung (Rapport) ist grundsätzlich gut zwischen mir und der anderen Person oder Gruppe.							
b) Die Beziehung der Schüler untereinander ist grundsätzlich störungsfrei.							
c) Der Arbeitsrahmen (Kontext) ist grundsätzlich in Ordnung.							
d) Die Ziele im Zusammenhang mit der Problemstellung sind mir selbst anschaulich klar.							
e) Die Ziele habe ich anschaulich, konkret und klar mitgeteilt.							

	trifft zu ⟵ ⟶ trifft nicht zu						
	6	5	4	3	2	1	0
f) Ich bin sicher, daß die andere Person weiß, welche Ziele wir verfolgen.							
g) Die andere Person ist einverstanden mit den Zielen und will sie erreichen.							
h) Ich beherrsche den Stoff so, daß ich über der Sache stehe und mich dem Prozeß zuwenden kann.							
i) Die Unterrichtsmethode ist optimal.							
j) Mein Unterricht beachtet individuelle Lernstile.							

Aufgrund der Beantwortung dieser Fragen bekommen Sie **Aufschluß über** jene **Schwerpunkte**, wo sich Veränderungen aufdrängen. Finden Sie einfach die tiefen Wertungen heraus, dann bekommen Sie eindeutige Schwerpunkte. Beispielsweise haben Sie an eine Ihrer Schülerinnen gedacht, die für Sie ein Problem darstellt. Sie unterrichten Geometrie. In diesem Fach tritt das Problem auf.

Sie haben beispielsweise folgende Einträge gemacht: a) 3 b) 5 c) 6 d) 6 e) 6 f) 6 g) 3 h) 6 i) 4 j) 2.

Ohne inhaltlich zu wissen, welches konkrete Problem Sie mit dieser Schülerin haben, läßt sich folgende **Diagnose** stellen: Die Beziehung zur Schülerin ist gefährdet. Die Ziele machen für die Schülerin wenig Sinn; Sie hat kein besonderes Interesse daran, sie zu erreichen. Ihr Unterricht berücksichtigt den Lernstil der Schülerin sehr wenig. Dagegen sind die Klassendynamik, Kontext, Kommunikation der Ziele optimal.

Als **Maßnahme** ist festzuhalten: 1. die Beziehung zur Schülerin verbessern; 2. mit der Schülerin Möglichkeiten finden, daß das Fach Sinn gewinnt oder die Schülerin trotzdem bereit ist, dem Unterrichtsziel innerlich zu folgen; 3. den Lernstil der Schülerin herausfinden, Wege finden, wie Sie Ihren Unterricht anpassen können.

Auf diese Art können Sie mit jedem Problem Ihrer Liste vorgehen und Ihre Maß-
nahmen auf der richtigen Ebene planen.

4. Gönnen Sie sich den besten Zustand

Möchten Sie sich nicht auch gut fühlen beim Unterrichten? Und zwar immer? Und die Möglichkeit haben, sich sofort wieder in Ihre beste gefühlsmäßige Verfassung zurückzuführen, sobald Ihr inneres Gleichgewicht aufgrund der Umstände zu schwanken droht? Sich gut zu fühlen beim Lehren ist eine zentrale Voraussetzung für das Gelingen der Unterrichtsaktivitäten. Warum? Im guten Zustand haben wir die Ausstrahlung, die die besten Fähigkeiten bei den Lernenden hervorlocken kann. In der Regel übertragen wir unsere guten Gefühle auf die Schülerinnen und Schüler. Angst, Angespanntheit, Ruhe, Freude und Gelassenheit rufen gleiche Gefühle bei den Lernenden hervor. In diesem Sinne haben wir es als Lehrerinnen und Lehrer in der Hand, jene Zustände bei den anderen hervorzulocken, die wir uns wünschen. Mindestens in einem gewissen, nicht zu unterschätzenden Maße trifft dies zu! Wir brauchen uns nur selber in diese wünschenwerten Zustände zu begeben, und die Lernenden imitieren diese Impulse. Nur sind wir leider nicht perfekt und fühlen uns deshalb manchmal von negativen Gefühlen überwältigt. Wir sind negativ geankert, wobei das Gefühl und die Reaktion automatisch ablaufen und uns die schlechte innere Stimmung sehr rasch einholt. Wie sich ein solcher Stimmungseinbruch auswirken kann, illustriert das folgende Beispiel.

Ein Negativbeispiel

Ein Lehrer der Erwachsenbildung erzählte mir, daß er einen Tag mit einer Lerngruppe zu gestalten hatte. Er war inhaltlich und methodisch-didaktisch bestens vorbereitet, hatte auch Vorstellungen zu Erwartungen und Gruppendynamik der Zielgruppe definiert und zahlreiche weitere planerische Überlegungen angestellt. Der Vormittag mit der Gruppe lief bestens, und alle Beteiligten begaben sich zum Mittagessen. Noch war alles in Ordnung. Dann begann das Unheil seinen Lauf zu nehmen. Eine Überlegung nahm langsam und zielstrebig Gestalt in ihm an und breitete sich immer mehr aus. Eine innere Stimme – oder war es eher ein Bild? – flüsterte ihm zu: „Am Morgen ist es sehr gut gegangen. Wirst du diese Erwartungen der Teilnehmerinnen und Teilnehmer wohl weiterhin erfüllen können? Dann mußt du aber gut darauf achten, daß du deine charismatische Ausstrahlung nicht verlierst. Es würde mich wundern, wenn du das durchhalten könntest." Dieses »nicht verlierst« nahm immer mehr Raum ein, verwandelte sich immer mehr zum Wort »verlierst« allein, und schon fühlte er sich nicht mehr so frei und ungezwungen wie am Vormittag. Der Einstieg in den Nachmittag gelang noch gut. Die Teilnehmerinnen und Teilnehmer waren zwar müde vom Essen und lehnten sich behaglich, jedoch neugierig erwartungsvoll zurück. Und dann begann der eingeleitete Teufelskreis zu wirken: Der Leiter fühlte sich immer unbehaglicher. Die Teilnehmer begannen entsprechend wenig lustvoll auszusehen, was wiederum den Leiter bestätigte, wie langweilig seine Veranstaltung wohl sein müsse. Er fühlte sich zunehmend unbehaglich, und das ganze Boot, das am Vormittag so wundervoll gesteuert wurde, wankte immer mehr. Obwohl die Teilnehmer am Schluß des Tages wohlwollende Kritik anbrachten, vor allem auch lobten, wie gut der Morgen gelaufen sei, betonten sie doch auch unmißverständlich, wie schade es gewesen sei, dieses Niveau nicht auch am Nachmittag erreicht zu haben. Der Lehrer hatte ganz einfach seinen optimalen Zustand verloren.

In solchen Situationen ist es wichtig zu wissen, wie wir uns aus dem Engpaß heraus und in den besten Lehrzustand hineinführen können, der geprägt ist von Offenheit, Freude, Engagement und einem Sendungsbewußtsein.

Oft erscheint es uns so, als ob wir unseren Gefühlen ausgeliefert wären, und wir denken dann: Entweder bin ich in guter Verfassung oder eben nicht. Dabei haben wir kein Bewußtsein darüber, daß wir eine innere Strategie mit speziellen Schritten durchlaufen, wir somit diese Ergebnisse selber erzeugen. Betrachten wir ein anderes Beispiel, das zeigt, wie sich eine Lehrerin – nennen wir sie hier Frau Huber – selber wieder ins Gleichgewicht bringt:

Ein Wunschbeispiel

Frau Huber unterrichtet eine fünfte Klasse der Grundschule. Gerade steht das Fach Geometrie auf dem Programm. Wie immer beginnt sie ihren Unterricht mit einer Einstimmung ins Thema. Sie fühlt sich innerlich entspannt und gelassen, da sie sich auf ihre gute Vorbereitung verlassen kann, die sie sich so einverleibt hat, daß sie über den Stoff frei und kreativ verfügen kann. An einer Stelle ihres Unterrichts gerät sie aus dem Rhythmus, da sich drei Schülerinnen kichernd über einen ihrer Lehrimpulse lustig machen. So scheint es mindestens. Frau Huber merkt die Schwankung ihrer inneren Verfassung. Sie erkennt, wie sich hinter ihrer Stirn innerlich eine graue Scheibe ausbreitet, sich ihr Atem verflacht und ein unangenehmes Gefühl Raum einnimmt und sich eine kritische, flüsternde innere Stimme meldet. In diesem Moment richtet sie sich leicht auf, nimmt einen tiefen Atemzug, läßt ihre Bauchdecke leicht sinken und füllt ihre Stirn innerlich mit einem sonnenfarbenen Licht. Gleichzeitig entspannt sie ihr Gesicht. Sie richtet ihre Augen auf die drei Mädchen und sagt mit freundlicher Stimme: „He, dürfen wir auch mitlachen?" Die Mädchen erwidern: „Es war etwas Privates, das wir hier nicht erzählen können." Schon kehrt wieder Ruhe ein. Frau Huber hat sich im entscheidenden, kritischen Moment bewußt zurückgeholt in ihren besten Lehrzustand, wie sie es über einen längeren Zeitraum eingeübt und automatisiert hatte.

Sich in den besten Lehrzustand führen: Wie Sie dabei vorgehen

1. Finden Sie Ihren **besten Lehrzustand** heraus. Wie benennen Sie ihn? Finden Sie eine Bezeichnung, ein Wort dafür.

2. Entscheiden Sie sich für eine **bestimmte Berührung**, die Sie als Erinnerung mit Ihrem optimalen Zustand verbinden möchten. Beispielsweise könnten Sie mit Ihrer rechten Hand einen Knöchel Ihrer linken Hand berühren. Oder Sie drücken den Daumen gegen den Zeigefinger. Wählen Sie eine Berührung aus, die Sie in allen Situationen unauffällig verwenden können.

3. Suchen Sie eine **Situation** aus der jüngeren Vergangenheit, in der Sie sich ganz in Ihrem besten Lehrzustand fühlten.

4. **Versetzen Sie sich** ganz in diese Situation **hinein**. Erinnern Sie sich an den Ort und die Zeit. Nehmen Sie wahr, wie dieser Ort aussieht, was Sie sehen im Vordergrund und Hintergrund, wer mit Ihnen im gleichen Raum anwesend ist und woher das Licht kommt. Hören Sie auf die akustischen Impulse von außen. Was genau hören Sie in jener Situation? Woher kommen die Töne, Stimmen usw.? Was können Sie in jener Situation aus

Ihrem Inneren hören? Wie reden Sie mit sich selbst? Welche Gefühle herrschen vor? Wie nehmen Sie Ihre Körperbefindlichkeit wahr? Wie ist Ihr Muskeltonus? Was riechen Sie in dieser Situation, wenn Sie Ihre Aufmerksamkeit auch darauf richten?

5. Und jetzt kommt ein sehr entscheidender Schritt: Finden Sie die wichtigsten **Auslöser** heraus, die diesen optimalen Lehrzustand auslösen. Was können Sie sehen, das am innigsten mit dem wünschenswerten Erleben verbunden ist? Das Licht? Ein bestimmter Ausschnitt aus Ihrem Beobachtungsspektrum? Eine bestimmte innere Vorstellung? Schenken Sie sich ruhig die Zeit, die Sie dazu brauchen, um den visuellen Auslöser zu entdecken. Fahren Sie dann fort mit den auditiven Auslösern, indem Sie sich befragen: Was genau höre ich, das mich sofort mit dem gewünschten Zustand verbindet? Sind es bestimmte Geräusche? Stimmen? Woher kommen sie im Raum? Oder ist es eine bestimmte Art der Ruhe? In welcher Körperhaltung befinden Sie sich? Welche Bereiche Ihres Körpergeschehens sind am engsten verknüpft mit der gewünschten Fähigkeit? Ist es eine bestimmte größere oder kleine Bewegung? Ein Anteil Ihrer Gestik oder Mimik? Eine bestimmte Art der Kopfhaltung oder der Kieferhaltung? Lassen Sie sich überraschen, wie Sie die kleinsten Auslöser herausfinden. Welche minimalsten visuellen, auditiven oder körperhaften Impulse haben die Möglichkeit, Ihren inneren Zustand optimal werden zu lassen?

6. Und nun **verbinden** Sie jede einzelne Sinneswahrnehmung Ihres Erlebens der Erfolgs-Situation **mit** Ihrer **Berührung**, die Sie am Anfang ausgewählt haben. Das heißt: Sie drücken beispielsweise mit der rechten Hand den ausgewählten Knöchel Ihrer linken Hand. Verfahren Sie dabei folgendermaßen: Machen Sie sich bewußt, was Sie sehen. Verbinden Sie diese visuellen Wahrnehmungen mit Ihrem Berührungsauslöser, indem Sie sich ganz auf das Sichtbare in jener Situation konzentrieren und auf dem Höhepunkt dieser Wahrnehmung die Berührung einsetzen. Konzentrieren Sie sich auf das, was Sie hören. Auf dem Höhepunkt dieser auditiven Wahrnehmung berühren Sie sich an der vorgesehenen Stelle. Wenden Sie sich anschließend Ihren Gefühlen zu. Nehmen Sie sie so genau wie nur möglich wahr, und verbinden Sie sie ebenfalls mit Ihrer Berührung. Verfahren Sie auf gleiche Weise mit der Geruchs- und vielleicht auch Geschmackswahrnehmung.

7. Testen Sie die Kraft Ihres Berührungsauslösers in der Vorstellung: Denken Sie an eine Unterrichtssituation, in der Sie Ihren optimalen Lehrzustand gern zur Verfügung hätten. Berühren Sie sich an Ihrer ausgewählten Körperstelle. Wie fühlen Sie sich? Die Berührung sollte jetzt das wünschenswerte Gefühl Ihres Lehrzustandes hervorlocken. Sonst beginnen Sie nochmals von vorn.
    Überprüfen Sie Ihre Berührung an weiteren vorgestellten Schulsituationen.

8. Testen Sie Ihren Auslöser in der realen Unterrichtssituation: Berühren Sie sich an der ausgewählten Körperstelle, sobald Sie während des Unterrichts den Eindruck haben,

24

Sie hätten es nötig, sich selbst zurückzuführen in Ihrer zentrierten optimalen Lehrzustand.

9. Festigen Sie Ihren Auslöser, indem Sie die Schritte 1-5 anfänglich täglich und danach gelegentlich durchführen.

5. Wie Sie Ihre Lerngruppe für eine Zusammenarbeit gewinnen

Kennen Sie das auch? Mit einzelnen Lernenden haben Sie besten Kontakt. Wenn Sie es jedoch mit der Lerngruppe zu tun haben, verändert sich die Dynamik, und Sie sehen sich plötzlich ungemütlichen Herausforderungen gegenüber.

So erfahren Sie, daß die Gesamtdynamik einer Gruppe mehr ist als die Summe der einzelnen Gruppenmitglieder. Mit dieser Tatsache müssen Sie sich versöhnen. Wie können Sie zweckmäßig damit umgehen?

Ich schlage Ihnen grundsätzlich zwei Möglichkeiten vor:

1. Bauen Sie die Beziehungen zu den einzelnen auf ein gutes Fundament

Die Lernenden in einer Gruppe nehmen ständig bestimmte *Rollen* ein, die sie oft über längere Zeit aufrechterhalten, wie etwa: Führungsperson, Außenseiter, Clown, Klassenliebling, fachliche Kompetenz, fachliche Inkompetenz, usw.

Verbünden Sie sich mit der Führungsperson. Mit anderen Worten: Bauen Sie vor allem zu ihr einen *meisterhaften Rapport* auf. [*] Damit ist gemeint, daß Sie alles tun, was die andere Person überzeugt, sich von Ihnen freiwillig führen und beeinflussen zu lassen. Sie unterstützen diese Beeinflussungsbereitschaft, indem Sie Ihr Denken und Verhalten der anderen Person anpassen. Sie achten auf die zentralen Überzeugungen und bauen Ihren Kontakt darauf auf, argumentieren von der Position des Schülers aus und werden dadurch feststellen, daß Sie

---

[*] vgl. Kobler, H.P.: *Neues Lernen für das Land*. Paderborn: Junfermann ²1998, S. 45-135.

beide sich sogar in der Körpersprache einander anzupassen beginnen. Durch diese intensive und einflußreiche Beziehung vermindern Sie ebenfalls unerfreuliche Einflüsse auf Ihre Klasse, die sonst von dieser Schülerin oder diesem Schüler ausstrahlen könnten.

Stärken Sie auf der anderen Seite auch die Positionen *untergeordneter Schülerinnen und Schüler*. Unterstützen Sie stille Eleven, indem Sie ihnen zur Sprache verhelfen. Ermutigen Sie sie bei jeder Äußerung, indem Sie wohlwollend darauf reagieren. Lassen Sie alle zu Wort kommen.

Bauen Sie Ihre *Brücke zu jeder Schülerin und jedem Schüler* ständig aus, und unterhalten Sie sie so, daß Sie sicher sein können, daß sie alltäglichen wie unerwarteten Erschütterungen standhalten kann. Seien Sie vor allem vorsichtig mit dem *Ja-aber-Denkmuster*. Das heißt: Es gibt bestimmte Schüler, die auf jede Ihrer Unterrichtsaktivitäten mit der Äußerung antworten: „Ja, das ist schon gut, aber hätten Sie nicht ..." Es folgt dann die Schilderung des Haares in der feinen Suppe, die Sie gekocht haben. Seien Sie vorsichtig mit Ihrer Reaktion. Es gibt keinen Grund, verärgert zu reagieren, vor allem dann, wenn Sie wissen, daß Schüler, die so reagieren, in ihrem Reaktionsmuster gefangen sind und damit eigentlich nur ihre aktive, engagierte Lernbeteiligung ausdrücken. Sie können darauf wohlwollend reagieren, indem Sie etwa sagen: „Danke, das ist wirklich wichtig, was du sagst ..." Sie können dann betonen, wie nötig solche Hinweise sind, und fügen vielleicht noch einen weiteren kritischen Punkt bei. Dann fahren Sie mit dem Unterricht fort, wie Sie es vorgesehen haben.

2. Beachten Sie die Bedürfnisse der Lernenden und der Lerngruppe während der Unterrichtsaktivitäten

Allgemein finden Sie den besten Kontakt mit Ihrer Lerngruppe, wenn Sie die tiefverwurzelten Bedürfnisse der Schülerinnen und Schüler erkennen und befriedigen. Rufen wir sie uns doch nochmals in Erinnerung: 1. das Bedürfnis nach Akzeptanz; 2. das Bedürfnis nach Zustimmung; 3. das Bedürfnis nach Bewunderung; 4. das Bedürfnis nach Anerkennung und 5. das Bedürfnis nach Geltung. Wenn Sie diese Grundlagen beachten, werden Sie unwiderstehlich einflußreich. Die Frage ist nur: Wie können Sie im unübersichtlichen Dschungel des schulischen Geschehens diesen Idealen gerecht werden? Sie können sich konkret folgendermaßen darauf einlassen:

Seien Sie *klar mit Ihren Zielen.*[*] Lassen Sie Ihre Klasse mitplanen – dies soll selbstverständlich dem Alter Ihrer Lerngruppe entsprechen – bei lang-, mittel- und kurzfristigen Zielsetzungen. Bringen Sie Ihre Vorstellungen in Einklang mit denjenigen Ihrer Wissensempfänger.

Respektieren Sie alle Standpunkte. Hören Sie jeder Äußerung sehr gut zu, und versuchen Sie, aktiv zu verstehen. Vermeiden Sie dabei jede Art von Bewertungen und erlauben sich statt dessen, die andere Meinung wohlwollend stehen zu lassen. Nutzen Sie die Gelegenheit, etwas dabei zu lernen, indem Sie neugierig erforschen, wie die andere Person zu dieser Auffassung gekommen ist.

Schaffen Sie ein Klima, in dem jede auftauchende Frage angstfrei gestellt werden kann. *Beantworten Sie jede Frage* so respektvoll wie nur möglich.

Bauen Sie Ihren Unterricht – selbstverständlich innerhalb des Rahmens, der Ihnen möglich ist – auf den Hauptinteressen Ihrer Schülerinnen und Schüler auf. Berücksichtigen Sie die Wünsche der Lernenden bei der Themenauswahl.

Seien Sie das beste Beispiel für höflichen Umgang.[**]

Wählen Sie Arbeitsmethoden, die die Selbständigkeit fördern. Ich denke dabei etwa an den Werkstattunterricht, Gruppenaktivitäten, Mitwirkung an notwendigen Aktivitäten usw.

Handlungsvorschlag A

Ich schlage Ihnen folgende Aufgabe vor, die Ihnen einen Zugang schafft zu den Rollen der Schülerinnen und Schüler Ihrer Lerngruppe. Gehen Sie so vor:

1. Erstellen Sie eine Tabelle mit sechs Spalten. Die Überschriften lauten: Name, erwünschte Wirkung, unerwünschte Wirkung, großer Einfluß, mittlerer Einfluß, geringer Einfluß. Tragen Sie in der ersten Kolonne alle Namen Ihrer Zielgruppe ein.

2. Beantworten Sie für jede Schülerin und jeden Schüler folgende Fragen: Was ist auffällig? Was sticht besonders hervor? Überprüfen Sie, ob diese Verhaltensweisen eine erwünschte oder unerwünschte Wirkung erzeugen, und tragen Sie die Ergebnisse in der entsprechenden Kolonne ein. Bei einzelnen Schülern wird Ihnen nichts Besonderes einfallen. Vielleicht schreiben Sie dann: Fällt auf durch Unauffälligkeit, Unsichtbarkeit, Überangepaßtheit usw.

---

* vgl. Kapitel 2
** vgl. Kapitel 15

3. Bewerten Sie nun den Einfluß der Schülerinnen und Schüler auf die anderen. Erkennen können Sie die Wirksamkeit, indem Sie sich klar machen, wie die Schüler aufeinander reagieren und Bezug nehmen. Sybille im Beispiel in der Tabelle bringt die anderen oft zum Lachen mit ihren klugen Sprüchen, die ihr in fast jeder Situation einfallen.

Name	erwünschte Wirkung	uner-wünschte Wirkung	großer Einfluß	mittlerer Einfluß	geringer Einfluß
1	2	3	4	5	6
Sybille	bringt die an-deren zum Lachen;				
Rene		sucht ständig das Haar in der Suppe; redet oft da-zwischen;			
Markus	bringt gute Beiträge bei Klassendis-kussionen;	macht oft ab-wertende Be-merkungen zu meinem Unterrichts-vorgehen			

Viele Schüler lachen, etwa die Hälfte der Klasse behält ein ernstes Gesicht bei. Sybille bekommt deshalb die Bewertung »mittlerer Einfluß«. Anders sieht es bei Rene aus: Er sucht ständig »das Haar in der Suppe«. Alle Schüler reagieren jedoch gelangweilt, neutral oder sogar ablehnend. Deshalb hat er einen geringen Einfluß auf die anderen. Markus dagegen hat einen sehr großen Einfluß auf sämtliche Schülerinnen und Schüler in der Klasse. Das erkennt man daran, daß alle ausnahmslos bestätigend und neugierig auf seine Äußerungen reagieren, seien es nun gute Einfälle bei Klassendiskussionen oder abwertende Bemerkungen dem Lehrgeschehen gegenüber. Markus ist ein talentierter Schüler, der seine geforderten Leistungen leicht erbringt.

4. Finden Sie jene Person heraus, die den größten Einfluß auf die anderen in der Lerngruppe hat. (Sie finden sie in der Tabelle in Spalte 4.) Ebenso wichtig sind die anderen Positionen der restlichen Schüler. Wer hat den geringsten Einfluß auf andere? Wer ist am unsichtbarsten, unauffälligsten? Wer ist im Mittelfeld angesiedelt? Usw.

Handlungsvorschlag B

Alle Meinungen respektieren

Mit Hilfe der Namensliste Ihrer Lerngruppe können Sie herausfinden, wem gegenüber es Ihnen besonders schwerfällt, bestimmte Meinungen wohlwollend oder neutral aufzufassen.

1. Finden Sie heraus, wer Ihnen spontan in den Sinn kommt bei der Frage: Wer vertritt Meinungen, die es mir schwermachen, akzeptierend zu empfinden?

2. Betrachten Sie Ihre Schülerliste, und lassen Sie sich bei jedem Namen ein bißchen Zeit mit der Frage: Vertritt diese Person Meinungen, die ich ablehne?

3. Entscheiden Sie sich für eine erste Person, mit der Sie einen Neuanfang wünschen bezüglich dieses Themas.

4. Stellen Sie sich so genau wie nur möglich vor, wie jene Person eine unerwünschte Meinung vertritt, und wie Sie darauf neutral und akzeptierend reagieren. [*]

5. Setzen Sie diese Vorstellung in die Tat um. Freuen Sie sich auf jede Lerngelegenheit, die sich in Zukunft bietet.

Fragen respektvoll beantworten

Fragen sind Goldgruben, die Sie unbedingt nutzen sollten.
Fassen Sie den Vorsatz, sich in den folgenden Tagen bewußt mit Ihrer Art des Umgangs mit Fragen auseinanderzusetzen.
Ich kann Ihnen folgende Schritte empfehlen, die sich bewährt haben:

1. Beobachten Sie sich selbst, wie Sie reagieren, sobald jemand aus Ihrer Lerngruppe eine Frage stellt. Beobachten Sie nur, ohne schon jetzt etwas zu verändern.
In einer nächsten Phase beginnen Sie mit dem Training eines bewußten neuen Verhaltens (sofern Sie es nicht ohnehin schon automatisch zur Verfügung haben).

2. Sobald jemand eine Frage stellt, fragen Sie nach: „Habe ich dich richtig verstanden …" Und Sie fassen zusammen, was Sie gehört haben. Hier sollten Sie ein »Ja« als Antwort/Feedback erhalten.

3. Dann beantworten Sie die Frage so gut wie möglich.

4. Fragen Sie abschließend: „Bist du zufrieden mit der Antwort?" Auch hier sollten Sie wieder ein »Ja« erhalten.

---

[*] vgl. Kapitel 21

31

6. Schaffen Sie Oasen der Ruhe

I ch habe erstaunliche Unterrichtsideen, wunderbare Vorbereitungen und sehr elegante psychologische Impulse. Diese wundervollen Instrumente kann ich jedoch nicht an meine Klasse herantragen. Die Klasse ist einfach zu unruhig und abgelenkt", hört man Lehrende immer wieder sagen. Tatsächlich trifft das auch zu.

Lehren Sie deshalb Ihre Klasse, zur Ruhe zu kommen. Ruhe ist wichtig! Ohne die Sicherheit, daß die Klasse jederzeit, wenn Sie es wünschen, absolut still ist, können Sie keinen glücklichen Unterricht pflegen. Alle Beteiligten leiden darunter, ob sie es nun bewußt wahrnehmen oder auch nur hintergründig spüren. Ruhe ist Voraussetzung für ein gutes Klassenklima: Ihre Schülerinnen und Schüler *müssen* Ihnen zuhören und Ihnen das Gehör schenken. Dazu brauchen Sie Stille, uneingeschränkte, konzentrierte Stille!

Ruhe beginnt damit, daß sich Ihre Lernenden beim Betreten des Schulzimmers in einen Zustand gesammelter Konzentration begeben. Die Schwelle zum Klassenzimmer ist das Signal dafür »zum Schüler zu werden«. Das heißt: eine ruhige und erwartungsvolle Person. Lassen Sie es nicht zu, daß der Unterrichtsraum zur Einladung für Zappeligkeit und Unkonzentriertheit wird. Jeder Ort hat seine besondere Bedeutung. So empfehle ich Ihnen, auch im Schulzimmer bestimmte Ecken oder Räume für die Gruppenarbeiten zur Verfügung zu stellen. Ich schlage Ihnen vor, den persönlichen Arbeitsplatz der Schülerinnen und Schüler zu einem Ort der Ruhe werden zu lassen. Dies soll als Grundregel gelten, vor allem, wenn er als Arbeitsrahmen für Einzelbeschäftigungen genutzt wird. Damit Ruhe klar abgegrenzt ist von Gesprächsbereitschaft, lassen Sie die Schüler zum Beispiel einen Kreis bilden, wenn Sie wünschen, daß eine angeregte Diskussion stattfindet. Entwickeln Sie das Schulzimmer zu einem heiligen Ort. Jedesmal, wenn er nur schon betreten wird, überkommt einen eine erbauliche Grundstimmung, innere Öffnung und faszinierte Neugier. Das Betreten dieses Raumes erinnert regelmäßig und immer tiefer daran, sich nach außen ruhig zu verhalten. Es entsteht auch ein tiefer Respekt vor der Sehnsucht nach Ruhe der anderen. Ein Bedürfnis reift heran, auch niemand anderen in seiner Sammlung zu stören.

Sie als Lehrerin und Lehrer haben es in der Hand Ruheanker zu erstellen. Ein Anker ist ein Signal, das automatisch innere Zustände hervorruft. In diesem Fall soll das Betreten des Zimmers zum Zustand »still werden« und »leise an den Platz gehen« werden. Die Aufforderung zur Gruppenarbeit wird zum Impuls »aus der Ruhephase in die Gesprächsphase« zu wechseln.

Setzen Sie das Erstellen von Ruhe auf die Liste Ihrer Unterrichtsziele. So haben Sie die Möglichkeit, Ihre Schüler direkt darin zu unterweisen. Erklären Sie ihnen Ihr bedeutungsvolles Unterrichtsziel, nämlich ‚Ruhe‘. Sagen Sie den Schülern, warum das wichtig ist fürs gute Lernen. Erklären sie ihnen, welchen Gewinn sie daraus ziehen werden, und weisen Sie darauf hin, wie entscheidend und folgenreich dieses Ziel ist. Zeigen Sie den Schülern auf, was genau Sie darunter verstehen, und lassen Sie sie entsprechende kleine Übungen dazu ausführen.

Weiterhin haben Sie die Möglichkeit, über tägliche kleine Impulse auf indirektem Wege den Ruhezustand zu trainieren. Zum Beispiel werden alle Lernenden ruhig, wenn man sie dazu einlädt, sich innerlich etwas bildhaft einzuprägen oder in Erinnerung zu rufen. Ebenso tritt automatisch Ruhe ein, wenn man Schülerinnen und Schüler bittet, auf eine innere Phantasiereise aufzubrechen oder einer bestimmten Musik zuzuhören.

Sorgen Sie dafür, daß Sie auch selber innerlich gelassen und ruhig sind. Dann gelingt es Ihnen am besten, kongruent dazu zu stehen, daß Sie Ruhe wollen.

Handlungsvorschlag A

1. Bild der Ruhe
Rufen Sie ein genaues Bild darüber hervor, was das Wort »Ruhe« für Sie bedeutet. Was hören und sehen Sie? Wie fühlen Sie sich? Stellen Sie sich dieses Bild so lebhaft wie nur möglich vor.

2. Liste: Was Unruhe schafft
Erstellen Sie eine Liste der Verhaltensweisen, die zu Unruhe führen. Zum Beispiel: Zappelig und laut ins Zimmer kommen; schwatzend aufs eigene Pult zugehen, gleichzeitig reden mehrere durcheinander; während der Einzelbeschäftigung laufen ständig Schüler herum etc.

34

3. Regeln erstellen

Erstellen Sie eine Liste mit Regeln, die diese unliebsamen Störformen gar nicht erst aufkommen lassen, wie z.B.: Über die Schwelle treten = ruhig werden; sofort an den eigenen Platz gehen; mit der Hand anzeigen, wenn jemand reden will; während der Einzelbeschäftigung bleiben alle ruhig am Platz etc.

4. Die Ökologie der Regeln überprüfen

Stellen Sie sich vor, Sie würden diese Regeln einführen. Welche Nachteile werden sich einstellen? Welche Hindernisse könnten auftreten? Überlegen Sie sich, wie Sie diesen Hindernissen begegnen könnten. Wenn Sie alle Regeln so ausgedacht haben, daß Sie mit den Einwänden umgehen können, dann fahren Sie mit Punkt 5 fort.

5. Die Bedeutung von Ruhe erklären

Erklären Sie Ihrer Klasse die Bedeutung des »Ruhig arbeitens«: Lernpsychologisch wichtig; Konzentration auf Sache nimmt zu; lernen für sich allein ist wichtig neben dem Lernen zusammen mit anderen; Austausch und Ruhe sind wichtig etc. Finden Sie ruhig Ihre eigenen, für Sie passenden Erklärungen, die auch genau auf Ihre Klasse passen.

6. Die Regeln der Klasse mitteilen

Klären Sie Ihre Klasse über Ihre Regeln auf. Lassen Sie sie dazu Fragen stellen, vielleicht bestimmte Ergänzungen dazu anfügen, Einwände artikulieren. Halten Sie fest, daß Sie und die ganze Klasse von jetzt an auf diese neuen Regeln achtgeben werden.

Handlungsvorschlag B

Der leichteste Weg, Ruhe einzuführen, beginnt mit der **Begrüßung** der Klasse, sei es am Morgen, Mittag oder jeweils nach den Pausen. Lassen Sie wieder – wie bei Vorschlag A – ein realistisches, zum Greifen echtes Bild darüber entstehen, wie Sie die Schüler ruhig werden sehen, wenn Sie ins Schulzimmer treten. Erklären Sie den Schülern, bevor Sie diese Idee umsetzen wollen, worum es Ihnen dabei geht. Helfen Sie den Schülern bei der Realisierung, indem Sie immer die genau gleiche Körperhaltung einnehmen. Stehen Sie am Eingang und lassen Sie die Schülerinnen und Schüler vorbeiziehen. Schauen Sie sie dabei selbstsicher und ruhig an. Schüler, die unruhig über die Schwelle treten, stoppen Sie. Weisen Sie sie an, nochmals in der gewünschten Weise hereinzukommen. Seien Sie dabei bestimmt, freundlich und sachbezogen. Sie wollen ganz einfach, daß alle ruhig hereinkommen, nicht mehr und auch nicht weniger. Es geht nicht um Kritik an den Schülerpersönlichkeiten, sondern ganz einfach um den förderlichen guten Beginn.

Handlungsvorschlag C	
indirekte Variante 1	**indirekte Variante 2**
Geben Sie Ihren Schülern jeden Tag einmal die Gelegenheit, sich etwas visuell einzuprägen. Zum Beispiel: Gegenstände anschauen, die Augen schließen und erinnern; oder: etwas an der Wandtafel Dargestelltes innerlich erinnern und auf ein Blatt Papier zeichnen usw.	Laden Sie die Schüler dazu ein, ihren Hörsinn ganz bewußt zu nutzen. Bieten Sie ihnen etwas Hörbares an. Die Schüler bekommen zum Beispiel die Aufgabe, bestimmte Unterschiede zwischen zwei Tönen oder Tonsequenzen herauszufinden.

7. Lehren Sie das Lernen

Bringen Sie Ihren Schülern bei, wie man richtig lernt. Lernen zu lernen ist wohl die wichtigste Fertigkeit, die wir vermitteln können. Wer weiß, wie man rasch, wirkungsvoll und nachhaltig lernt, eröffnet sich damit einen lebenslangen, selbständigen Zugang zu den als wichtig erachteten Wissensbereichen. Rufen wir uns deshalb in diesem Kapitel das Grundwissen zum Lernen in Erinnerung. Anschließend werden wir die sich daraus ergebenden Konsequenzen für den Unterricht diskutieren.

Folgende **Faktoren** sind wichtig beim **wirkungsvollen Lernen** [*]:

1. die Rahmenbedingungen;
2. die Anwendung einer wirksamen Lesemethode;
3. das Wissen, wie man Stoff gut behalten kann;
4. der richtige Umgang mit der Zeit;
5. die Fähigkeit zur Konzentration.

1. Die Rahmenbedingungen

Beste Bedingungen fürs Lernen sind dann gegeben, wenn sowohl innere als auch äußere Störfaktoren ausgeschaltet sind und man sich hundertprozentig seiner Aufgabe zuwenden kann. Der Arbeitsplatz – dies ist das Pult in der Schule und der Arbeitstisch zu Hause – ist dann förderlich, wenn er übersichtlich gehalten ist. Keine Gegenstände stören die Aufmerksamkeit, und ein rascher Zu-

---

[*] Ich beziehe mich im ganzen Kapitel im wesentlichen auf: Regula D. Näf: *Rationeller Lernen lernen.* Weinheim: Beltz Verlag.

37

griff zu den notwendigen Materialien ist möglich. Die wesentlichen Unterlagen stehen zur Verfügung, und Unnötiges fehlt ganz. Beleuchtung, Temperatur und Sitzgelegenheit wirken angenehm. Die Einstellung »Ich kann diesen Stoff lernen«, eine positive Erwartungshaltung also, sowie der Wille, mit allen Kräften an die Sache heranzugehen, sind die besten inneren Voraussetzungen für den Lernprozeß. Dabei hilft eine Körperhaltung, die die Sauerstoffversorgung, Entspannung und Motivation aufbaut und unterstützt.

2. Die Anwendung einer wirksamen Lesemethode

Schulisches und außerschulisches Lernen hat mit der Aufnahme von Informationen zu tun. Viel Wissen eignet man sich mit Hilfe des Lesens von schriftlichen Unterlagen an, wie zum Beispiel über: Bücher, Buchausschnitte, lose Informationsblätter, Zeitungsartikel usw. Es ist aus diesem Grunde sehr wichtig, daß man mit einer wirkungsvollen Lesestrategie arbeitet. Wer optimal liest, geht in der Regel in folgenden fünf Schritten vor:

a)   Gewinnen eines Überblicks;
b)   Formulieren von eigenen Fragen zum Thema;
c)   Lesen des Textes;
d)   Rekapitulieren;
e)   Repetieren des Stoffes.

a) Gewinnen eines Überblicks

Man kann viel Zeit gewinnen, wenn man sich einige Minuten Zeit läßt, sich einen Überblick über den zu bearbeitenden Stoff zu verschaffen. Es kann sich dabei um unterschiedlich große Stoffmengen handeln, abhängig vom Alter, den Zielen, den Arbeitsunterlagen, Aufgabenstellungen usw. Als Vergleich können Sie sich vorstellen, Sie kommen in eine Ihnen noch unbekannte Stadt. Sie kaufen sich einen Stadtplan und beginnen damit, sich auf der ganzen Karte zu orientieren. Vielleicht fahren Sie mit der U-Bahn von einem Ende zum andern, zu markanten Aussichtspunkten, von denen aus Sie das ganze Gebiet überblicken können. So ähnlich geht man vor, wenn man sich einen Überblick über einen Lernstoff verschafft. Die später folgenden Details des Wissens lassen sich innerhalb des Ganzen erkennen und haften besser in der Erinnerung. Bei der

Lektüre eines Buches oder einer anderen Informationseinheit hilft es, zuerst die Gliederung, Hauptteile und Unterelemente zu erfassen. Worum geht es? Was ist die Hauptaussage? Das Wichtigste ist in der Regel in Zusammenfassungen zu finden. Bei einem Artikel oder einem kürzeren Text achtet man beim Überfliegen auf die Gliederung, die einzelnen Abschnitte.

b) Formulieren von eigenen Fragen zum Thema

Wenn man sich einen Überblick verschafft hat, beginnt noch nicht das Lesen selber. Ein kleiner, jedoch sehr wichtiger Schritt besteht darin, daß man sich selber Fragen zum Thema stellt. Dadurch wechselt man von der passiv aufnehmenden zur selbsttätigen, aktiv lernenden Rolle. Nehmen wir beispielsweise einen Text mit dem Thema »Bücherorte kennenlernen«, den eine Oberstufenschülerin bearbeiten will. Sie kann sich etwa folgende Fragen dazu stellen: Welche Bücherorte kenne ich schon? Welche sind in dieser Unterlage vorgestellt? Inwiefern ist für den Verfasser dieses Thema wichtig? Was ist mir wichtig? Sind bei den Bücherorten auch Schallplatten zu haben? Man kann auch das Wissen, das man schon für sich zur Verfügung hat, kurz aufschreiben, um anschließend zu klären, was neu dazugekommen ist.

c) Lesen des Textes

Jetzt beginnt das eigentliche Lesen. Dabei soll man darauf achten, daß man zügig vorankommt, stets das Wesentliche im Auge behaltend. Das richtige Lesen erfordert Arbeit, ist nicht zu verwechseln mit der Lektüre eines Romans, der vor Spannung nur so strotzt, so daß ich mich nicht darum kümmern muß, dem Ablauf bewußt zu folgen. Vielmehr muß man sich ständig darum bemühen, wach zu bleiben, der natürlichen Gliederung des Textes zu folgen und die Überschriften als zusammenfassende Begriffe bewußt zu erfassen.

d) Rekapitulieren

Von Zeit zu Zeit soll man sich fragen: Was habe ich gelesen? Worum ist es gegangen? Hilfreich ist es, sich einige Notizen zu den Kernaussagen zu machen.

Eine sehr förderliche Methode ist die Nutzung des MindMappings.* Dabei wird die Kernaussage in die Mitte eines Blattes gesetzt, und es werden die Nebenaspekte dazu in Bezug gebracht. Anschaulich werden solche ständigen Minizusammenfassungen, die sich immer mehr ergänzen, indem man dabei auch Farben und kleine Piktogramme, Zeichnungen oder Grafiken verwendet. Oft genügen auch ganz einfache, selbst im eigenen Stil formulierte Sätze. Ganz wichtig ist: die Notizen sollen wirklich kurz und übersichtlich die Hauptsache so zusammenfassen, daß man mit einem Blick erkennt, um welche Inhalte es dabei geht. Der Stoff wird auf diese Weise Stück um Stück verinnerlicht.

e) Repetieren

Nach der Bearbeitung eines Wissenbereichs in dieser Art erfolgt als Abschluß die Wiederholung des Gelernten, damit es sich setzen und verinnerlichen kann. Die Schritte 1-4 werden dabei für die einzelnen Abschnitte wiederholt, und zwar so lange, bis das ganze Wissen verarbeitet ist. Der gesamte Text wird nochmals überblicksmäßig erfaßt. Die Fragen, die man sich gestellt hat, werden wiederum ins Bewußtsein gebracht. Man prüft dabei, inwiefern sie beantwortet sind, welche unbeantwortet geblieben sind und welche anderen Aspekte im Text zur Sprache gekommen sind. Vom Ganzen führt man sich nochmals hin zu den Details, und dann wieder zurück zum Ganzen.

3. Das Wissen darüber, wie man Stoff gut behalten kann

Eine wichtige menschliche Fähigkeit ist das Vergessen als Kontrast zum Behalten. Bei Informationen, die man sehr kurzfristig zur Verfügung haben muß und die man nachher nicht mehr braucht, ist es sehr hilfreich, sie einfach wieder zu vergessen. Die Inhalte übertreten die Schwelle des Kurzzeitgedächtnisses nicht. Zum Beispiel können Sie eine Telefonnummer so lange im Kopf behalten, bis Sie die Verbindung hergestellt haben, um anschließend die Zahlenfolge wieder zu löschen.

Wer jedoch Informationen längerfristig behalten will, tut gut daran, bestimmte Lerngesetze zu beachten. Betrachten Sie zum Beispiel die folgende

---

* vgl. Kapitel 12

Darstellung, die zeigt, wie rasch sich gelernte Inhalte reduzieren und unter welchen Bedingungen sie länger in der Erinnerung haften bleiben. Wir betrachten hier das Schema eines mittelfristigen Lernprozesses. Wir gehen von einem x-beliebigen gut gelernten Wissen aus, über das jemand nach dem ersten Tag verfügt. Was geschieht damit?

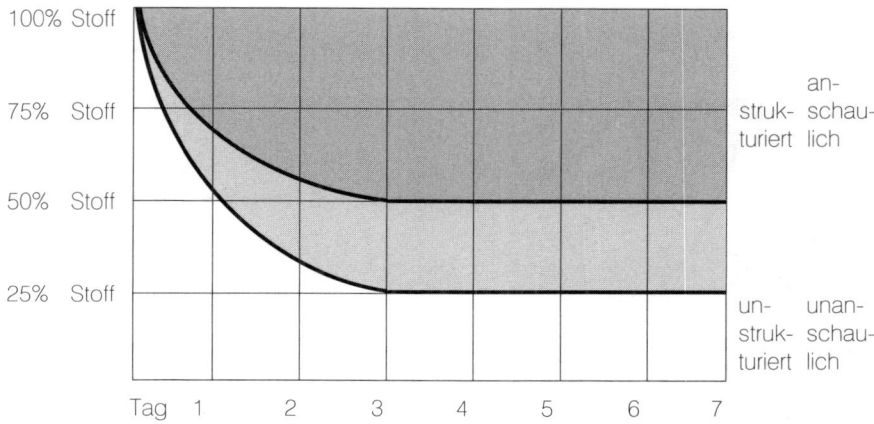

Sie sehen in der Abbildung zwei Kurven, die sich beide abflachen. Das heißt: Es geht nach dem Lernen Wissen verloren. Bis zum 7. Tag, ohne zusätzlichen Lernimpuls, fällt es bei der unteren Kurve bis auf ein Viertel ab. Dabei wurden die Informationen unstrukturiert, abstrakt und unanschaulich dargeboten. Mehr Wissen bleibt hängen, sofern man die Informationen geordnet, gut strukturiert und anschaulich gelernt hat. Trotzdem geht auch dabei die Hälfte des Wissens verloren. Dieses Ergebnis veranschaulicht die obere Kurve in der Tabelle.

Wie können wir das gelernte Wissen besser behalten? Wie können wir den Verlust an Wissen während der ersten sieben Tage auf ein Minimum reduzieren?

Die Darstellung auf der nächsten Seite zeigt, worauf es beim richtigen Repetieren des Stoffes ankommt, um dadurch die Behaltensquote zu erhöhen. Wer mit

41

dem Vertiefen des Stoffes zu spät beginnt, braucht einen mehrfachen Aufwand, um den anfänglichen Wissensstand wieder zu erreichen. Empfehlenswert ist deshalb ein sofortiges Repetieren des gelernten Stoffes, dann, wenn die Wissenskurve noch sehr hoch ist. Man gewinnt dadurch Zeit und Energie. Sofort bedeutet: Vertiefen Sie den Stoff innerhalb des ersten Lerndurchgangs nach kurzen Intervallen immer wieder.

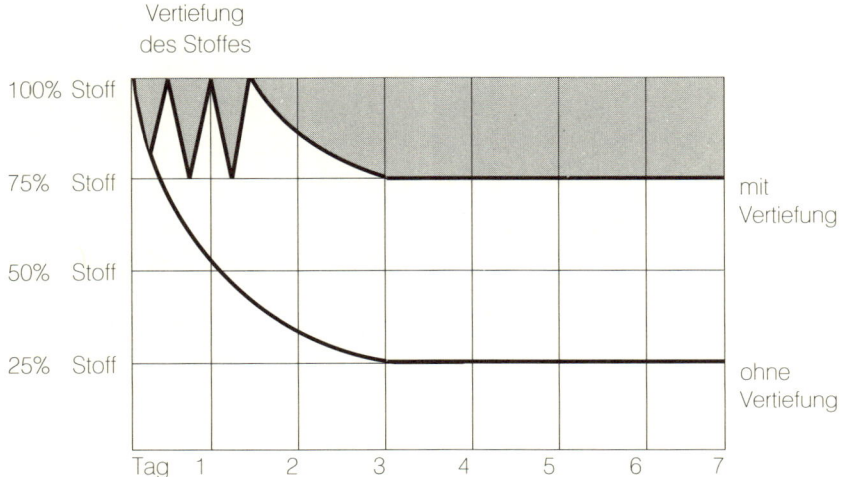

Aus diesen Ergebnissen lassen sich wichtige Konsequenzen fürs effektive Lernen ziehen:

Wir sollten, um das Behalten des Stoffes zu fördern:
1. den Stoff so anschaulich wie möglich aufnehmen;
2. vom Ganzen zu den Details vorstoßen;
3. den Stoff ordnen und gut strukturieren;
4. den Stoff nach der ersten intensiven Lernphase in kurzen Abständen sofort repetieren, um dem Wissensverfall entgegenzuwirken;
5. mit einer positiven Einstellung und mit einem hohen Interesse an die Lerninhalte herantreten;
6. Pausen einschalten. Dabei gilt als Regel, durchschnittlich alle zwei Stunden eine große Pause einzulegen und jeweils nach etwa 30 Minuten zwei

bis drei Minuten und nach jeweils 60 Minuten eine Pause von fünf Minuten einzulegen.

7. das Gelernte regelmäßig laut äußern und sich dabei vorstellen, man würde es jemandem mitteilen;

8. generell oft kleine Lernportionen zu uns nehmen;

9. uns darum bemühen zu verstehen, was wir lernen. Auswendiglernen ist wenig ergiebig;

10. uns bewußt sein, daß gesetzmäßig sogenannte Lerntiefs – oder in der Fachsprache: Lernplateaus – eintreten können. Dann ist es sinnvoll, von neuem die Lerntechniken zu überprüfen im Zusammenhang mit dem Stoff, ferner die Motivation sowie das Verstehen der Materie;

11. für grundlegende Entspannung sorgen, die uns mit dem notwendigen Sauerstoff und der besten Gesinnung versorgt;

12. was jetzt getan werden kann, auch jetzt und konzentriert beginnen.

4. Der richtige Umgang mit Zeit

»Richtig mit der Zeit umgehen« bedeutet: Ziele erstellen; lang-, mittel- und kurzfristig planen; einen Stoff-Fahrplan erstellen. Es ist sehr vorteilhaft, wenn man jeweils schon einen Tag im voraus genau weiß, wie der Lernplan des folgenden Tages aussieht. Die Zeit für eine Arbeit wird bei wirksamem Lernen so realistisch wie nur möglich einkalkuliert.

5. Die Fähigkeit der Konzentration

Konzentration bedeutet: Alle Gedanken und Gefühle sind auf die zu bewältigende Aufgabe ausgerichtet. Wenn störende Gedanken auftreten, stellt man sie zur Seite, indem man sich etwa sagt: „Nicht jetzt! Heute abend um 18 Uhr werde ich mich euch zuwenden! ...“ Auf diese Art kann man störende Gedanken stoppen. Konzentration heißt auch: Ein Ziel vor Augen haben. Wer immer am gleichen Platz arbeitet – das heißt: wer dort nichts anderes macht – verankert diesen Ort. Es ist wichtig, diesen Ort mit den besten Arbeitseigenschaften zu verbinden. Schon allein die Einnahme dieses Platzes löst mit der Zeit immer intensiver diese optimalen psycho-physiologischen inneren Bedingungen aus.

Wie Sie dieses »Grundwissen zum Lernen« beim Unterrichten anwenden können:

1. bei der Gestaltung Ihres Unterrichts: auf der methodischen Ebene
2. als Lehrinhalt für die Schülerinnen und Schüler

1. Anwendung der Erkenntnisse zum Lernen beim Unterrichten

Tragen Sie Sorge für **optimale Rahmenbedingungen** in Ihrem Schulzimmer. Sorgen Sie für: Qualität der Sitzgelegenheiten; Übersichtlichkeit; angenehme Beleuchtung; angemessene Temperatur. Tun Sie alles, um ein psychologisch warmes Klima zu schaffen, in dem Toleranz und Respekt vorherrschen. *

Führen Sie Ihre Schülerinnen und Schüler **wo immer möglich** durch die **fünf Schritte der Lesemethode** hindurch. Dies gilt speziell für das Bearbeiten von schriftlichen Unterlagen. Das heißt: Geben Sie einen Überblick über den ganzen Stoff. Lassen Sie die Lernenden Fragen dazu formulieren. Anschließend lassen Sie den Text lesen. Helfen Sie den Schülern beim Verinnerlichen des Stoffes, indem Sie nach einer angemessenen Zeit des Lesens rekapitulieren lassen, worum es sich bei diesem Abschnitt gehandelt hat. Geben Sie abschließend Gelegenheit zum Repetieren des gesamten Stoffes. Methodisch stehen Ihnen bei den einzelnen Schritten verschiedene Möglichkeiten aus Ihrem eigenen Repertoire zur Verfügung. Das heißt, Sie können wählen zwischen: Einzelbearbeitung, Gruppenarbeit, Klassendiskussion, schriftlichem Vorgehen, mündlicher Bearbeitung usw.

Beachten Sie die Gesetze des Behaltens: Bringen Sie den Stoff anschaulich, gut strukturiert, gut verständlich; vermitteln Sie den Schüler die Methode des MindMappings; repetieren Sie den Stoff anfänglich oft; lassen Sie die Schülerinnen und Schüler den Stoff laut äußern; lehren Sie in kleinen Portionen; sorgen Sie dafür, daß sich Ihre Lernenden regelmäßig entspannen können; wechseln Sie die Inhalte oft, damit das Hirn neu ansetzen kann. (Zu viel Ähnliches vermischt das Wissen zu stark.)

Geben Sie Ihren **Stoff-Fahrplan** entsprechend dem Alter Ihrer Zielgruppe früh genug **bekannt**. **

2. Das Lernen lehren

Vermitteln Sie Ihren Lernenden **das lerntheoretische Wissen**: Bedeutung der Rahmenbedingungen; die fünf Schritte der Lesemethode; das Wissen zum Vorgang des Behaltens und Vergessens; den richtigen Umgang mit der Zeit; die Fähigkeit zur Konzentration. Lassen Sie das »Lernen des Lernens« zu einem permanenten »Fach« werden.

---

* Kobler, H.P.: *Neues Lernen für das Land.* Paderborn: Junfermann ²1998, S. 45 ff.

** Kobler, H.P.: *Neues Lernen für das Land.* Paderborn: Junfermann ²1998, S. 143 ff.

Lassen Sie die Lerngruppe die Anwendungen der Schritte des optimalen Lernens **bei entsprechenden Gelegenheiten** immer wieder **bewußt werden**: wenn Sie beispielsweise gerade dabei sind, etwas davon anzuwenden.

Zeigen Sie den Schülern, **wie** sie ihre **Hausaufgaben** mit dem geringsten Zeitaufwand ergiebig **bewältigen** können. Geben Sie während der Unterrichtssituation Gelegenheit zum Einüben der selbständigen Arbeitsweise. Nutzen Sie dazu die stillen Beschäftigungen. Lehren Sie die Schülerinnen, wie man die Zeit am besten einteilt, kurz-, mittel- und langfristig. Lehren Sie sie das Planen von Abläufen. Erklären Sie ihnen, wie wichtig es ist, sofort zu beginnen, um die Motivation zu steigern.

8. Wie und warum gutes Zuhören Wunder wirkt

Bei meinem Besuch entwickelt die Klasse gerade Ideen für einen dreitägigen Ausflug. Das Ziel der Lehrerin – so erklärt sie mir – besteht darin, die Bedürfnisse aller Beteiligten herauszufinden, um auf dieser Grundlage später einen definitiven gemeinsamen und fundierten Beschluß zu fassen. Was ist für die Schülerinnen und Schüler wichtig? Wohin soll die Reise gehen?

Hören Sie auf den folgenden Dialog zwischen der Lehrerin und der Klasse. L bedeutet Lehrerin und S bedeutet Schülerin oder Schüler:

Gesprächsbeispiel

S1: *Es ist wichtig, daß es schön ist.*

L: *Was genau meinst du damit? Wann ist es schön?*

S1: *Es soll an einem Ort sein, wo nicht viele Leute sind.*

L: *Hast du eine Vorstellung über den Ort, an dem nicht viele Leute sind.*

S2: *Vielleicht meint er irgendwo in den Bergen in einer Alphütte.*

L: *(an S2) Warte einen Moment.*

S1: *Ich meine, wir waren doch vor zwei Jahren in einem Haus an einem See. Dort konnten wir hinausgehen, wann wir wollten, und wir konnten lärmen, soviel wir wollten.*

L: *Das hat dir besonders gefallen. Ihr konntet hinausgehen und lärmen, soviel ihr wolltet.*

S1: *Ja, das war richtig super.*

L: *Ist es das, was dir besonders wichtig ist – du möchtest lärmen dürfen, soviel du willst, ohne daß andere Leute gestört werden?*

S1: *Ja, das ist mir wichtig.*

L: *Und wenn du lärmen darfst, was erreichst du damit?*

S1: *Es geht nicht nur um mich. Wichtig ist es mir, daß ich zusammen mit den anderen Spiele im Freien machen kann, ohne mich zurückhalten zu müssen. Dann fühle ich mich am besten.*

L: *Du hast auch erwähnt, es sollen dort nicht viele Leute sein. Was meinst du mit »nicht viele Leute«?*

S1: *Eigenlich spielen die Leute weniger eine Rolle. Ich möchte mich einfach frei fühlen können. Ich freue mich an lauten Spielen. Dabei denke ich, daß wenn dort noch andere Leute sind – ich denke dabei vor allem an ältere Leute, so über 35jährige –, diese uns beim Spielen stoppen möchten. Und das möchte ich nicht.*

L: *Du möchtest dich frei fühlen können, deshalb ist es besser, wenn keine anderen Menschen dort sind, keine Älteren?*

S1: *Ja.*

L: *Gut. Danke. Ich notiere hier einmal: Laute Spiele machen können, dabei keine anderen Leute stören.*
(Lehrer wendet sich jetzt S2 zu.) Du hast dich vorhin gemeldet. Möchtest du deine Ideen vortragen?

S2: *Ja, gerne. Für mich ist auch die Gemeinschaft besonders wichtig, der Zusammenhalt.*

L: *Mit wem zusammen möchtest du Gemeinschaft besonders pflegen?*

S2: *Ja, Ich denke ... ja, vor allem mit den Jungen untereinander.*

L: *Du denkst dabei vor allem an die Jungen, daß ihr es untereinander gut habt.*

S2: *Ja. Die Mädchen können es schon auch gut haben. Aber die sind ja mehr unter sich.*

L: *Du siehst da zwei Gruppen vor dir, die Jungen und die Mädchen?*

S2: *Ja, also, so ganz getrennt möchte ich es schon auch nicht haben. Wir könnten ja manchmal etwas gemeinsam zusammen machen und manchmal auch getrennt ...*

Auf diese Weise nimmt die Diskussion ihren Fortgang, wobei die Lehrerin klärende Fragen stellt sowie Rückmeldungen an die Schülerinnen und Schüler gibt, die die Aussagen zu einer immer größeren Klarheit führen. Das Gespräch wird dadurch persönlich und spannend. Die Lernenden hören einander zu und lassen sich zunehmend in einer ruhigen Atmosphäre ausreden.

Was geschieht bei diesem Gespräch? Was geschieht überhaupt, wenn wir ein Gespräch führen und uns der Sprache bedienen?

Beim verbalen Austausch nutzen wir die Fähigkeit, Erfahrungen in Worte und Sätze zu fassen. Dabei vereinfachen, verallgemeinern und verzerren wir die Informationen so, daß sie beim Empfänger völlig anders verstanden werden können, als wir es beabsichtigt haben. In der Regel sind wir uns dieses Verlustes an Informationen gar nicht bewußt. Es ist sehr unwahrscheinlich, daß wir überhaupt je ganz genau verstehen, was jemand mit einer bestimmten Äußerung wirklich meint. Der Grad der Ungenauigkeit kann von Mensch zu Mensch, der etwas mitteilt, sehr unterschiedlich sein. Ebenso hängt es davon ab, wie genau jemand als Zuhörer die Botschaften entziffern kann. Das Ziel der Kommunikation besteht trotz dieser Erschwernisse darin, die Mitteilungen der Schülerinnen und Schüler so genau wie möglich zu erfassen. Die Lehrerin in unserem kurzen Gesprächsausschnitt hinterfragt Unklarheiten und Ungenauigkeiten. Jede Äußerung, bei der sie auf ihre Vorstellung angewiesen ist, damit sie sich ein konkretes Bild machen kann, gibt den Ausschlag für eine klärende Frage.

Gutes Zuhören bewirkt Wunder

Gutes Zuhören in Form eines genauen Nachfragens ist wunderbar und bewirkt Wunder. Das Training und Praktizieren einer genauen Sprache bringt folgende vier Vorteile:

1. Offensichtlich wird durch eine möglichst gute Annäherung an die Erfahrungen der Senderperson das **gegenseitige Verständnis** gefördert. Die Beziehung zwischen allen am Gespräch Beteiligten vertieft sich auf die beste Weise. Darüber hinaus wird dadurch das Selbstwertgefühl positiv beeinflußt.

2. Auf der **Sachebene** bewirkt diese Art des Nachfragens eine **Klärung** der Informationen. Die Inhalte können besser verstanden und immer klarer formuliert werden. Die Verschleierungen und Unklarheiten werden für die Senderperson sichtbar, und sie kann sie korrigieren. Die Verzerrungen werden zunehmend abgeschwächt, und die persönlichen Erfahrungen, die damit verbunden sind, können durch den Empfänger der Botschaften immer deutlicher gespürt werden.

3. Die Schülerinnen und Schüler **lernen, sich genau auszudrücken**, wenn sie befragt werden, sofern sie mit ihren Äußerungen Unklarheiten bei den

Gesprächspartnern auslösen. Die Lust zu kommunizieren steigt und dadurch die Freude, mit anderen Menschen Gespräche zu führen, sich gegenseitig zu erforschen und gefühlsmäßig zu berühren. Differenziert zu kommunizieren wird zu einer wichtigen Quelle und einem zunehmenden Bedürfnis.

4. Durch das genaue Nachfragen bei Unklarheiten setzt bei der Senderperson ein **Selbsterforschungsprozeß** ein. Sie wird angeregt, in sich zu gehen und Nachforschungen über die Hintergründe der Aussage anzustellen. Sie stößt vor zu den Gefühlen und konkreten Erfahrungen, die zu den verzerrten oder verallgemeinerten Aussagen geführt haben.

Die Schritte des guten Zuhörens: Wie Sie dabei vorgehen

1. Sorgen Sie dafür, daß Sie ein ungestörtes Gespräch führen können, sei es im Einzelgespräch oder innerhalb der Klasse.

2. Erstellen Sie in sich selbst die Bereitschaft, gut zuzuhören. Seien Sie wirklich neugierig und interessiert daran, zu erkunden, welche Erfahrungen hinter den einzelnen Äußerungen der Schülerinnen und Schüler stecken. Interesse können Sie auch erzeugen, indem Sie sich dieses Interesse für die vorgesehene Zeit des Gesprächs zu Ihrer Hauptaufgabe machen. Wenn wirklich kein Interesse da ist, bleibt Ihnen nichts anderes übrig, als auch diese Tatsache anzuerkennen.

3. Schenken Sie der Einzelperson, mit der Sie jeweils gerade reden, Ihre volle Aufmerksamkeit. Drücken Sie diese innere Anteilnahme auch körpersprachlich aus. Achten Sie auf Ihre Körperhaltung. Wenn Sie sich ganz in Ihre Gesprächspartnerin hineinversetzen, dann werden Sie feststellen, daß Sie eine ähnliche Körperhaltung wie Ihr Gegenüber einnehmen. Ihr Gesichtsausdruck, Ihre Gestik, Mimik und sogar die Art Ihrer Wortwahl sowie Ihre Sprechgeschwindigkeit und Tonhöhe werden sich Ihrer Gesprächspartnerin oder dem Gesprächspartner unwillkürlich anpassen.

4. Fragen Sie überall dort respektvoll nach, wo für Sie eine Unklarheit oder ein Fragezeichen entsteht. Ein guter Hinweis für Sie besteht darin, daß Sie immer dann nachforschen, wenn Sie selbst zu phantasieren beginnen und in Ihre eigene Bilderwelt abdriften. Beispielsweise kann eine Schülerin sagen: „Es kümmert sich ja niemand um mich." Es können bei Ihnen dann etwa die folgenden Fragen auftauchen: „Wer sollte sich um dich kümmern?" „Wie möchtest du, daß man sich um dich kümmert?", „Ist es noch nie passiert, daß sich jemand um dich gekümmert hat?" Diese Fragen wären

dann für Sie der Anlaß, mit einer respektvollen Grundhaltung nachzuforschen. Hören Sie heraus: Was ist der Kernpunkt der Aussage? Was ist für die andere Person am wichtigsten? Inwiefern ist das die Hauptsache für die Schülerin? Widerstehen Sie dabei der Verführung, eigene Ideen zu früh einzubringen, selber zu glänzen mit guten Vorschlägen oder anderweitigen Hilfestellungen, die über das Nachfragen und Reflektieren hinausgehen. Geben Sie dem Schüler Zeit. Hören Sie auf die Bedeutung, die die Aussage für den Sender hat, und reflektieren Sie diese Meinung. Spiegeln Sie vor allem anfänglich auch die Gefühle. Akzeptieren Sie auch die negativen Gefühle.

9. Nutzen Sie die Kapazitäten des ganzen Hirns*

In den fünfziger Jahren durchtrennten Roger W. Sperry und seine Schüler Ronald Myer, Colwin Trevartha und andere die beiden Hirnhälften ihrer Versuchstiere, indem sie deren Balken (Corpus callosum) durchschnitten. Der Balken ist die Verbindung zwischen den beiden Hirnhälften, ein dickes Bündel aus einer gewaltigen Zahl von Nervenfasern. Zum Erstaunen der Forscher schien die Operation wenig Einfluß auf die Lebensweise der Tiere zu haben. Diese Durchtrennung führte jedoch zur Erkenntnis, daß eine der Hauptaufgaben des Balkens darin besteht, die Kommunikation zwischen den beiden Hirnhemisphären sicherzustellen. Weiter zeigte sich, daß nach dieser Operation jede Hirnhälfte unabhängig von der anderen ihre Aufgaben weiterhin wahrnahm.

Zehn Jahre später führten Sperry und seine Mitarbeiter ähnliche Versuche mit Menschen durch. Nur hatten sie jetzt einen medizinisch sinnvollen Zweck: Es wurde versucht, Patienten mit epileptischen Anfällen zu helfen, indem man ihnen das Corpus callosum durchschnitt. Dadurch sollten deren Leiden geheilt oder wesentlich vermindert werden. Dies gelang auch tatsächlich. Die epileptischen Anfälle konnten nicht mehr von der einen zur anderen Seite hinüberspringen, da die Verbindung fehlte, durch die »das epileptische Gewitter« hinübergeleitet wird.

Zusätzlich zum medizinischen Erfolg hatte man jetzt erstmals in der Menschheitsgeschichte die Möglichkeit, Menschen zu erforschen, deren Hirnhälften unverbunden und somit unabhängig voneinander ihre Aufgaben wahr-

---

* Die Informationen des folgenden Kapitels beziehe ich in starkem Maße aus dem hervorragenden Buch von Betty Edwards: *Garantiert Zeichnen Lernen*. Reinbek: Rowohlt. Übung 5 und 6 habe ich selbst entwickelt und getestet.

nahmen. Das war der Beginn der »Split-brain-Forschung« – die Erforschung von Patienten mit getrenntem Hirn.

Im Anschluß an solche Operationen wurde das Verhalten dieser Patienten studiert. Wie bei den früheren Tierversuchen konnte auch bei den Menschen, die sich dieser Operation unterzogen hatten, oberflächlich betrachtet keine Veränderung ihrer Lebensweise festgestellt werden. Es erschien erstaunlicherweise so, als hätte sich im Vergleich zu früher nichts geändert.

Erst bei den sorgfältig geplanten und durchgeführten Untersuchungen dieser Patienten ergaben sich bahnbrechende, sehr überraschende Erkenntnisse. Die Patienten wurden den verschiedensten Versuchsanordnungen ausgesetzt, von denen wir zur Veranschaulichung zwei betrachten:

Einem Patienten gab man beispielsweise verschiedene Holzstücke in die Hand, die er zu einer bestimmten Form zusammensetzen sollte. Wenn er versuchte, die Aufgabe mit der rechten Hand (linke Hemisphäre) zu lösen, versagte er dabei immer wieder. Die rechte Hemisphäre versuchte ihm dabei immer wieder zu helfen, indem sie die linke Hand eingreifen ließ. Die rechte Hand schlug nach der linken. Die linke Hand ließ sich aber nicht von ihrer Aktivität abhalten und versuchte weiterhin zu helfen. Erst als der Patient seine linke Hand unter sein Gesäß legte und sie so kontrollierte, hatte seine rechte Hand Ruhe. Bei der Aufforderung der Experten, es doch mit beiden Händen zu versuchen, mußte die Linke die Rechte auf die Seite schieben, damit sie bei der Ausführung der Aufgabe nicht gestört wurde.

„Bei einem anderen Test wurden ... für einen Moment zwei Bilder nebeneinander auf eine Leinwand projiziert. Der Blick der Versuchsperson – einer der Split-brain-Patienten – war genau auf einen Punkt in der Mitte zwischen den beiden Bildern fixiert. Dadurch wurde verhindert, daß der Patient die Bilder mit beiden Augen »abtasten« konnte. Auf diese Weise empfing jede Hemisphäre ein anderes Bild. Auf der linken Seite des Schirms war ein Löffel zu sehen, auf der rechten ein Messer. Als man den Patienten hinterher befragte, gab er zwei verschiedene Antworten: Auf die Bitte hin, den Gegenstand, der auf der Leinwand erschienen war, zu nennen, gab die sprachkundige linke Hemisphäre, die sich ihrer Sache ganz sicher war, dem Patienten die Antwort ein: »Ich hab ein Messer gesehen.« Vor der Versuchsperson war ein Vorhang angebracht, hinter dem verborgen auf einem Tisch verschiedene Gegenstände lagen, darunter auch ein Messer und ein Löffel. Der Patient wurde nun aufgefordert, mit der linken Hand (rechte Hemisphäre) hinter den Vorhang zu greifen und den Gegenstand auszuwählen, dessen Bild auf dem Schirm erschienen war. Daraufhin griff der Patient den Löffel heraus. Als er gebeten wurde, den Gegenstand, den er – hinter dem Vorhang – in der Hand hielt, zu benennen, schien er einen Moment lang verwirrt zu sein, sagte dann jedoch: »Ein Messer«. Die rechte Hemisphäre, die wußte, daß die Antwort falsch war, aber nicht über die sprachlichen Mittel verfügte, um die linke Hemisphäre zu korrigieren, griff in den Dialog ein, indem sie den Patienten veranlaßte, stumm den Kopf zu schütteln. Daraufhin wunderte sich die linke Hemisphäre laut: »Warum schüttle ich den Kopf?«" [*]

In ähnlicher Weise wurden die Patienten mit einer Fülle von Aufgaben konfrontiert. Faszinierende Ergebnisse resultierten aus diesen Forschungen: Jede der beiden Hirnhälften konstruiert in gewissem Sinne ihr eigenes Bild der Realität, unabhängig von der Existenz der anderen. In jedem von uns sind zwei Bewußtseinsformen, die sich durch einen Strang von Millionen von Nervenfasern ergänzen. Wir verfügen über zwei verschiedene, gleichzeitig ablaufende Erkenntnisweisen.

Betrachten wir nun die Ergebnisse Sperrys und seiner Mitarbeiter, die in den letzten Jahren für Eingeweihte zum Allgemeinwissen wurden, im gerafften Überblick. Wir können in der folgenden Tabelle erkennen, welche Funktionsbereiche durch die beiden Gehirnhälften abgedeckt werden:

linke Hirnhemisphäre	**rechte Hirnhemisphäre**
➤ *verbal:* Wörter werden eingesetzt zur Beschreibung der Realität.	➤ *nonverbal:* intuitives Erfassen der Realität; wenig sprachliche Formulierungen.
➤ *analytisch:* Die Wahrnehmungen werden zerlegt und auf diese Weise systematisch untersucht und bewertet.	➤ *synthetisch:* Die einzelnen Wahrnehmungen werden zu einem Ganzen verschmolzen.
➤ *symbolisch:* Symbole und Zeichen werden anstelle von konkreten Inhalten eingesetzt.	➤ *konkret:* Die Wahrnehmung bezieht sich auf die reale, greifbare Wirklichkeit.
➤ *abstrakt:* Aus einem Teil einer Wahrnehmung kann auf ein Ganzes generalisiert werden.	➤ *analog:* sucht bildliche Verbindungen und Zusammenhänge.

---

[*] Edwards, B.: *Garantiert Zeichnen Lernen*. Reinbek: Rowohlt, S. 45.

linke Hirnhemisphäre	rechte Hirnhemisphäre
➤ *zeitlich:* sequentiell organisiert, eines nach dem anderen.	➤ *nicht zeitlich:* ohne Zeitgefühl.
➤ *rational:* verstandesorientiert, Fakten spielen die zentrale Rolle.	➤ *nicht rational:* nicht faktenorientiert, verstandesmäßige Entscheidungen spielen keine Rolle.
➤ *digital:* Zahlen sind wichtig, Rechenfähigkeiten.	➤ *räumlich:* betrachtet die Teile als Bestandteil eines Ganzen. Verbindet Komponenten innerhalb des sichtbaren Raumes.
➤ *logisch:* Logische Gesetze werden angewendet.	➤ *intuitiv:* Wahrnehmungen aufgrund plötzlicher Erkenntnisse wie aus heiterem Himmel.
➤ *linear:* Gedanken folgen systematisch, einer aus dem anderen heraus.	➤ *ganzheitlich:* Erkenntnisse aufgrund der Wahrnehmung des Ganzen.

Beide Gehirnhemisphären sind an komplexen kognitiven Prozessen beteiligt. Sie sind jedoch verschieden spezialisiert und können sich beim optimalen Zusammenspiel bestens ergänzen. Leider hemmen sie sich oft gegenseitig aufgrund der einseitigen Bewertung bestimmter Fähigkeiten in unserem Kulturbereich.

Wenn der herkömmliche Unterricht den Umgang mit Wörtern, Zahlen und Fakten ins Zentrum rückt – dies kommt durch die Bestimmung der Hauptfächer deutlich zum Ausdruck –, dann laufen die nonverbalen, synthetischen, nichtrationalen und intuitiven Fähigkeiten Gefahr, auf der Strecke zu bleiben. Dies sind alles Angebote der rechten Hirnhälfte. Wenn sich Schüler, die den offiziellen Unterricht durchlaufen, nur auf eine schulische Bildung verlassen müßten, die Logik, Abstraktionsfähigkeit und Rationalität als Kern betrachten, würden sie oft nur als halbe Menschen aus der Schulpflicht entlassen, ohne zu wissen, welches immense Reservoir im »Untergrund« zu erschließen bereitsteht. Das halbe Hirn bliebe ungenutzt. Zum Glück mag eine solche Aussage heute als übertrieben erscheinen. Meine Erfahrungen mit vielen Lehrern zeigt mir: Heutige Lehrerinnen und Lehrer sind sich der Notwendigkeit einer ganzheitlichen Ausbildung bewußt und geben ihr Bestes, um dabei mitzuwirken. Sie selbst können beurteilen, wo Sie sich innerhalb dieses Spektrums einordnen wollen.

Sie haben es in der Hand, sofort damit zu beginnen, Ihren Beitrag zu leisten zu einem Unterricht, der den ganzen Menschen noch besser erfaßt. Dies ist heute wichtiger denn je, genügen uns doch die analytischen und logischen Ansätze allein für eine Lösung der Herausforderungen unserer Zeit heute weniger denn je. Wir brauchen den Einsatz all unserer Fähigkeiten, um menschlicher auf die verschiedensten globalen Herausforderungen zu antworten. Und dabei können Sie als Lehrerin oder Lehrer Ihren Beitrag leisten. Wie können Sie dabei mitwirken, die Funktionen beider Hirnhälften im Unterricht zu berücksichtigen? Wie gelingt es Ihnen, dabei vor allem die Fähigkeiten der rechten Hemisphäre ausgleichend zu trainieren?

Eine der besten Möglichkeiten ist der Einsatz und die Förderung von Imagination, Phantasie und Visualisierung. Einen sehr direkten Zugang bietet Ihnen das Fach Zeichnen. Es ist dafür geschaffen, die Fähigkeiten der rechten Hirnhemisphäre zu entfalten. *

Wie Sie den Zugang zur rechten Hirnhälfte trainieren können: Übungsvorschläge

1. Symmetrische Figuren zeichnen

Lassen Sie Ihre Schülerinnen zufällige Figuren zeichnen. Die Instruktion lautet: „Zeichnet auf einem Blatt auf der linken Seite von oben nach unten eine zufällige gewellte Linie, die das Profil eines Gesichtes darstellt. Laßt zum oberen und unteren Rand je einen Abstand von etwa zwei Zentimetern frei. Dann zeichnet auf der rechten Seite des Blattes ebenfalls eine Linie, die die erste spiegelbildlich aufgreift." Auf diese einfache Weise bringen Sie den Lernenden bei, den Wechsel von der linken zur rechten Gehirnaktivität zu spüren. Probieren Sie diese Übung zuerst selbst aus. Auf der folgenden Skizze sind die zwei Schritte nochmals veranschaulicht:

---

* Auf eindrückliche Weise dargestellt ist der Zugang zum rechten Hirn über den Zeichenunterricht bei: Edwards, B.: *Garantiert Zeichnen Lernen.* Reinbek: Rowohlt.

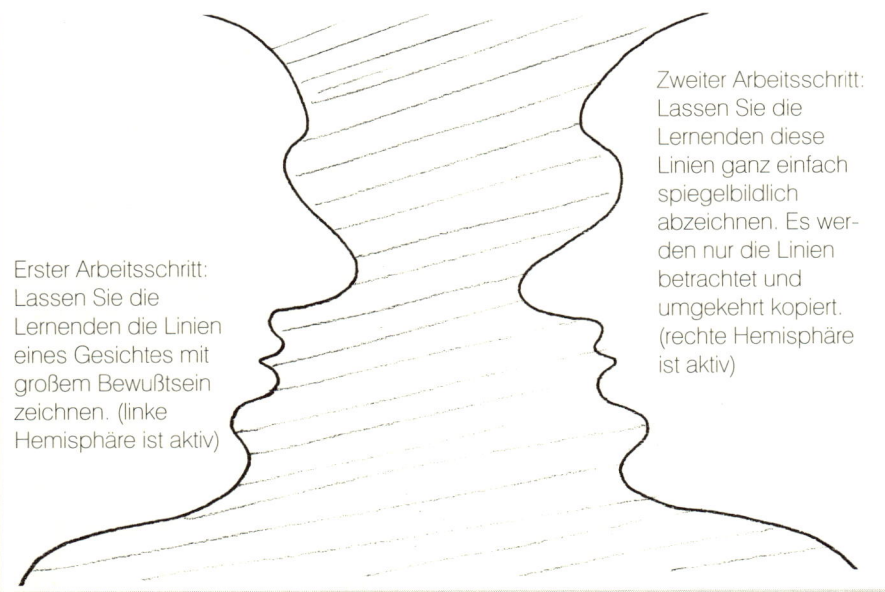

Erster Arbeitsschritt: Lassen Sie die Lernenden die Linien eines Gesichtes mit großem Bewußtsein zeichnen. (linke Hemisphäre ist aktiv)

Zweiter Arbeitsschritt: Lassen Sie die Lernenden diese Linien ganz einfach spiegelbildlich abzeichnen. Es werden nur die Linien betrachtet und umgekehrt kopiert. (rechte Hemisphäre ist aktiv)

Geben Sie Ihren Schülern oft Gelegenheit, diese Übung in verschiedenen Varianten zu wiederholen. Am Schluß können Sie sie irgendwelche zufälligen Muster auswählen lassen. Es geht einzig darum, über die Produktion des Spiegelbildes den Wechsel zur rechten Gehirnaktivität regelmäßig zu trainieren. Erklären Sie den Schülern, wozu die Übung gut ist: Es handelt sich um ein Gehirntraining.

2. Bilder auf den Kopf drehen und abzeichnen

Geben Sie den Schülern einfache Zeichnungen mit konkreten Gegenständen oder Personen. Lassen Sie sie die Blätter auf den Kopf drehen und auf diese Weise mit einer völlig neuen Perspektive betrachten und abzeichnen. Erklären Sie ihnen vorher, wie sie vorgehen sollen: Die Schüler sollen nur Linien betrachten und diese abzeichnen, ohne sich dabei über die Inhalte Gedanken zu machen. Es geht nur darum, Linien genau wahrzunehmen bezüglich Plazierung im Raum, Länge, Beziehung zu anderen schon bestehenden Linien, Winkeln und Bögen und sie aufzuzeichnen, eine nach der anderen. Die Schüler dürfen das Blatt mit den gezeichneten Linien nach Beendigung der Arbeit umdrehen und sich überraschen lassen über das so entstandene Resultat: ein Bild aufgrund der alleinigen Aktivität der rechten Hirnhemisphäre. Auch hier möchte ich Ihnen ans Herz legen, es selbst auszuprobieren, bevor Sie damit vor die Schülerinnen treten.

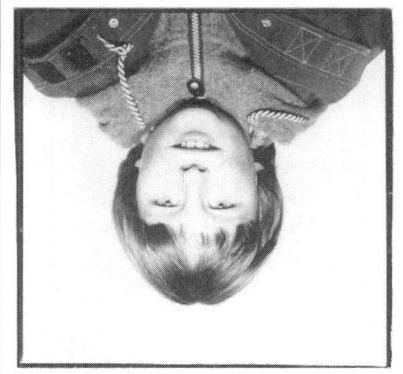 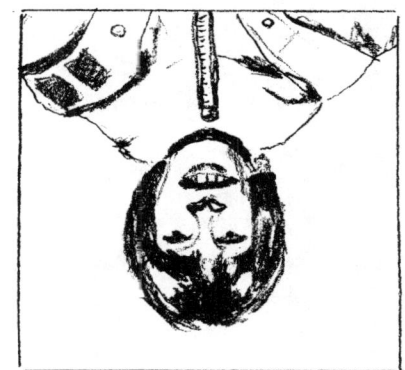

3. Dinge blind abzeichnen

Laden Sie Ihre Schülerinnen und Schüler dazu ein, einen Gegenstand »blind« abzuzeichnen. »Blind« heißt: Während des Zeichnungsvorganges schauen die »Künstler« nur den Gegenstand an, ohne den Blick abzuwenden. Das Zeichnungspapier soll dabei so gut befestigt sein, daß es sich nicht verschiebt. Es geht wiederum darum, nur die Striche zu zeichnen, die der Gegenstand tatsächlich überall dort bildet, wo Konturen sichtbar sind. Als Gegenstände eignen sich im Prinzip alle Dinge. Zum Beispiel könnten Sie wählen lassen zwischen: einer Blume in der Vase, einem Schüleretui, einer Frucht, der eigenen linken Hand, dem eigenen Fuß usw. Machen Sie mit diesem Vorschlag auch wieder zuerst selbst Erfahrungen.

4. Porträtfotografien abzeichnen

Nach einiger Zeit des Trainings in dieser Art des Einsatzes des rechten Hirns können Sie den Schülerinnen den Vorschlag machen, ihr eigenes Porträt abzuzeichnen. Sie sollen dabei so verfahren wie beim Zeichnen zufälliger Linien oder der Wiedergabe einer auf den Kopf gedrehten Zeichenvorlage. Es sollen nur Linien und dunkle Flecken gezeichnet werden, ohne gleichzeitig über deren Bedeutung nachzudenken. Selbstverständlich können die Schüler jeweils kurz aus der Zeichenaktivität heraustreten und bewußt wahrnehmen, was am entstehen ist. So wechseln Sie für einen Moment zurück zur linken Gehirnaktivität, um sich dann erneut wieder der rechten Hemisphäre zuzuwenden.

5. Bilder an einer leeren Wand sehen

Eine wundervolle Gelegenheit zur Bilderprojektion bieten leere Mauerwände, die eine poröse Struktur aufweisen. Lassen Sie Ihre Schüler zur Entspannung vor einer solchen Wand gemütlich auf ihren Stühlen Platz nehmen. Spielen Sie zur Unterstützung leise eine entspannende Musik. Sagen Sie den Schülerinnen und Schülern, sie sollen sich – ohne sich anzustrengen – überraschen lassen, welche Bilder sie an den Wänden entdecken können, die spontan sichtbar werden, wie von Geisterhand gezeichnet. Erklären Sie, daß es günstig sei, dabei den Blick ganz leicht nach oben gerichtet zu haben. Anschließend haben Sie die Wahl, es dabei bewenden zu lassen oder die Schüler darüber kurz berichten zu lassen.

6. Sich Dinge im Kopf vorstellen

Laden Sie die Lernenden regelmäßig dazu ein, sich bestimmte Dinge bildlich vorzustellen. Voraussetzung dafür ist, daß Ihre Klasse dabei entspannt sein kann. Sagen Sie beispielsweise mit ruhiger, langsamer Stimme: „Ich möchte euch jetzt wieder zu einem kleinen Gehirntraining einladen. Mach es dir bequem auf deinem Stuhl. (Hier wechseln Sie zur Du-Form über. Sie sprechen den einzelnen Schüler an.) Stell dir nun eine wunderschöne, große, farbige Orange vor. Kannst du sehen, in welchem Abstand sie vor dir ist? Ist sie nahe oder weit weg? Und die Farbe? Wie klar kannst du sie sehen? Woher kommt das Licht, das auf diese wunderschöne Frucht fällt? Gibt es einen Schatten, den du sehen kannst, den diese Orange wirft?

Wählen Sie für dieses Angebot Gegenstände aus, die in der Regel bei den meisten Menschen angenehme Gefühle auslösen.

10. Fördern Sie das Selbstwertgefühl Ihrer Lernenden

Sich selbst abzulehnen bringt viel Unglück und Schmerz mit sich: Vermeidungsverhalten, Ängste, Aufbau einer Barriere anderen Menschen gegenüber, Veklemmtheit im Kommunikationsbereich, Kompensation durch Arbeitssucht oder andere Süchte, Erzeugen von Ablehnung bei anderen usw. Dagegen fördert ein gutes Selbstwertgefühl viele wünschenswerte Ergebnisse zutage: Im Zusammenhang mit anderen Menschen, bei der Arbeitssuche, bei der Selbstöffnung anderen gegenüber, beim Leben der Sexualität, der Fähigkeit, die Aufmerksamkeit auf sich zu ziehen und freudvoll im Zentrum zu stehen, der Fähigkeit, andere Menschen um Hilfe zu bitten; beim Umgang mit Kritik, dem Umgang mit Wut, Ärger und Trauer. Dies sind nur wenige Beispiele. Allgemein gilt: Wer sich selbst akzeptiert, hat die besseren Chancen, gut durchs Leben zu kommen.

Man kann davon ausgehen, daß das Selbstwertgefühl wesentlich geprägt wird durch die Einflüsse der ersten Lebensjahre. Jedoch ist es schwer zu bestimmen, ob Schulerfolg die Ursache für ein gutes Selbstwertgefühl ist oder man eher davon auszugehen hat, daß hoher Schulerfolg eine große Selbstakzeptanz und eine positive Selbsteinschätzung voraussetzen. Fördert eine gute Einschätzung durch Lehrer und Klassenkameraden ein hohes Selbstwertgefühl, oder bewirkt umgekehrt hohes Selbstwertgefühl positive Einschätzungen bei Mitschülern und Lehrern? Was kam zuerst?

Wenn wir glauben, daß die äußeren Umstände wesentlich für ein hohes Maß an Selbstwertgefühl verantwortlich sind, dann geht es darum, die Umstände zu optimieren. Umstände aus der Vergangenheit sind jedoch Vergangenheit, sie lassen sich objektiv nicht mehr ändern. Hingegen lassen sich die inneren Abbilder dieser vergangenen Zeit wohlwollend ins »richtige Licht« rücken.

Aufgrund eindrücklicher Erfahrungen im beruflichen Umgang mit Kindern und Erwachsenen vertrete ich die Auffassung, daß sowohl innere Bedingungen die äußeren wesentlich bestimmen, als auch der Kontext (Umgebung) einen zentralen Einfluß auf das Erleben hat. Das heißt: Wer sein Selbstwertgefühl hebt, erfährt positive Veränderungen in der Umgebung. Und ebenso wahr ist: Wer in förderlichen Bedingungen unterrichtet wird, erfährt sich immer mehr als kompetent und wertvoll. Es kommt auf die Bedeutung an, die Schülerinnen und Schüler den auf sie zukommenden Ereignissen geben. Diese Interpretationen geschehen jedoch nicht unabhängig von den Verhaltensweisen der Umwelt. Das heißt: Ihre Verhaltensweisen als Lehrerin oder Lehrer sind sehr wichtig. Was können Sie also konkret tun, um eine optimale Umwelt für Ihre Schüler zu schaffen, von der Sie selbst ein wichtiger Teil sind?

Um das Selbstwertgefühl der Schülerinnen und Schüler jeder Altersstufe auf ein hohes Niveau zu heben, können Sie ihnen dabei helfen, die täglichen Ereignisse zum eigenen Besten zu interpretieren und hilfreiche Konsequenzen daraus abzuleiten.

Als Lehrperson können Sie auf folgende Bereiche Einfluß nehmen:
1. die Konfrontation mit der Realität der Stärken und Schwächen;
2. die Art, wie die Lernenden mit sich innerlich reden*;
3. die Reaktion auf Fehler;
4. die Reaktion auf Kritik;
5. die Wahrnehmung der eigenen Wünsche und die Fähigkeit, diese zu äußern.

Die folgenden Anleitungen für die Praxis beeinflussen diese fünf Bereiche direkt und indirekt.

1. Die Konfrontation mit der Realität der Stärken und Schwächen

Finden Sie mit Hilfe Ihrer Klassenliste **Stärken und Schwächen** Ihrer Lernenden heraus, indem Sie die einzelnen Schüler so betrachten, daß Sie darüber

---

* vgl. Kapitel 19

einer Kollegin gegenüber anschaulich berichten könnten. Nehmen Sie dazu Papier und Schreibzeug zu Hilfe. Beginnen Sie mit jenen Schülerinnen oder Schülern, bei denen Sie intuitiv finden, sie hätten es am nötigsten. Am nötigsten heißt: Sie haben das Gefühl, das Selbstwertgefühl dieser Personen sei niedrig. Beschreiben Sie deren Verhalten von verschiedenen Seiten her: Wie verhält sich die betrachtete Person körperlich, sozial, emotional, intellektuell, leistungsmäßig, verhaltensmäßig? Was gefällt ihr besonders? Was sind die speziellen Vorlieben? In welchen Bereichen ist sie am stärksten? Wo können Sie Schwächen feststellen? Was ist für Sie das größte Problem bei dieser Person? Ist sie ordentlich oder unordentlich? Welche Interessenschwerpunkte bestimmen deren Handeln? Welche Fächer stehen angenehm im Vordergrund, wo bestehen Abneigungen? Usw.

Wenn Sie alle nötigen Informationen gesammelt haben, dann erstellen Sie zwei Listen:

a) der positiven Qualitäten und b) der negativen Eigenschaften. Diese beiden Listen dienen Ihnen nun als Grundlage für die Arbeit am Selbstwertgefühl, indem Sie die erwünschten Verhaltensweisen der Liste a) durch Ihre Reaktion verstärken und die unerwünschten Verhaltensweisen der Liste b) abschwächen.

Verstärken der erwünschten Verhaltensweisen: Anleitung zur Praxis

Nehmen Sie die erste Liste – erwünschte Verhaltensweisen, besondere Stärken – zu Hilfe.

A. Wählen Sie auf der Liste bestimmte Qualitäten aus, die Sie von jetzt an dem Lernenden gegenüber systematisch bestätigen möchten. Machen Sie sich klar, woran Sie erkennen, wenn diese Qualitäten im Unterrichtsalltag auftreten.

B. Finden Sie von nun an jeden Tag mindestens eine Gelegenheit, die Schülerin für eine dieser Qualitäten zu loben. Es ist besonders wichtig, daß auch andere Schüler gleichzeitig dabei sind. Vielleicht wählen Sie auch eine Gelegenheit aus, um öffentlich auf die Fähigkeit des Schülers aufmerksam zu machen.

C. Geben Sie ihm die Möglichkeit, seine lobenswerte Fähigkeit zu zeigen. Um eine Fähigkeit voll entfalten zu können, braucht es eine Menge an Übungsgelegenheiten. Offerieren Sie diese Möglichkeiten.

Die Schritte A – C unterstützen wünschbares Verhalten. Die Lernenden lernen dabei, sich als fähig wahrzunehmen, mit Talenten ausgestattet und speziellen positiven Eigenschaften. Auch wenn es in anderen Bereichen Schwierigkeiten gibt, kann sich die Schülerin oder der Schüler als grundsätzlich in Ordnung fühlen. Dadurch wird auch die Art, mit sich selbst innerlich zu sprechen, in günstiger Weise beeinflußt.

2. Auf Bedürfnisse hinter unerwünschten Verhaltensweisen reagieren

Jedes Verhalten zielt darauf ab, ein Bedürfnis zu befriedigen. Auch mit unangepaßtem, als für Sie schwierig empfundenem Verhalten drückt die Schülerin oder der Schüler bestimmte Bedürfnisse aus. Wenn sich beispielsweise ein Kind weinerlich zeigt, kann damit zum Ausdruck gebracht werden: „Ich möchte, daß du dich mir ganz zuwendest und mir deine volle Zuneigung schenkst." Das Erkennen dieser hintergründigen, oft nicht offensichtlichen Bedürfnisse ist sehr hilfreich, da es Alternativen zum angestammten, fixierten Repertoire liefert.

Auf die versteckten Bedürfnisse hinter unerwünschtem Verhalten eingehen: Anleitung zur Praxis

A. Entscheiden Sie sich für negative Verhaltensweisen in der Liste b), die Ihnen als besonders wichtig erscheinen. Beantworten Sie die Frage: Welches Bedürfnis wird damit ausgedrückt? Lassen Sie Ihrer Intuition freien Lauf, bis Sie fündig werden. Sie haben **zum Beispiel** Marlis ausgewählt, die Ihnen negativ auffällt, da Sie regelmäßig, sobald es ruhig wird, mit ihrer Nachbarin zu kichern beginnt. Folgende Überlegungen drängen sich auf: sie erträgt die Stille nicht; sie schützt sich vor der Stille; sie fühlt sich verloren in der Stille; sie weiß nicht, wie sie allein arbeiten soll; sie sucht die Geborgenheit durch Kontakt mit den anderen; sie braucht das Gespräch mit anderen; **Reden ist für sie notwendig, um gut zu lernen** und sich wohl zu fühlen.

B. Beantworten Sie die Frage: Welche Fähigkeit erscheint durch das »störende Verhalten«? In unserem Beispiel könnte folgende Fähigkeit gesehen werden: Marlis hat die Fähigkeit, sich für wichtige Anliegen gegen jeden Außenwiderstand durchzusetzen. Oder: sie kann sich gut **schützen vor der Einsamkeit**. Was immer Ihnen auch in den Sinn kommt, ist nützlich. Es versetzt Sie selbst in eine wohlwollende Stimmung und schützt Sie vor unangemessenen spontanen Aktionen. Selbstverständlich ist es gut, wenn Sie überzeugende Fähigkeiten finden.

C. Nun ist es Ihre Aufgabe, herauszufinden, wie Sie der Schülerin oder dem Schüler helfen können, diese **Fähigkeit** auf eine **passende Art zum Ausdruck zu bringen**. Suchen Sie das Gespräch und suchen Sie gemeinsam nach anderen Wegen.

Das Gespräch mit Marlis könnte beispielsweise etwa folgendermaßen klingen: „Es scheint für dich sehr wichtig zu sein, daß du den Kontakt behältst.", „Ja, das ist mir wichtig, sonst wird es mir immer so langweilig.", „Sonst wird es dir langweilig? Du möchtest, daß es interessant bleibt?", „Ja.", „Da ist es wichtig, daß wir Wege finden, bei denen es für dich interessant bleiben kann und du gleichzeitig die Ruhe nicht unterbrichst." ... Ziel eines solchen Gesprächs ist es 1. auf einer tiefen Ebene zu verstehen, worum es geht, welche Bedürfnisse und Fähigkeiten zum Ausdruck kommen. 2. soll ein gangbarer Weg für alle Beteiligten gesucht werden.

D. Manchmal werden Sie zum Schluß kommen, daß es sehr sinnvoll ist, das »störende Verhalten« weiterhin bestehen zu lassen, da eine Veränderung mehr Nachteile als Vorteile nach sich ziehen würde. Die Erkenntnis der wichtigen Bedürfnisse und der Fähigkeiten, die dadurch zum Ausdruck gebracht werden, erleichtern es Ihnen, damit wohlwollend umzugehen. Manchmal verändert sich das »unerwünschte Verhalten« einfach dadurch, daß Sie ihm keine Beachtung schenken.

11. Helfen Sie Schülern, hilfreiche Strategien vielseitig zu nutzen

Nicht selten geraten Lernende in folgende Situation: Einerseits kennen sie bestimmte Themen und Fächer, in denen sie sich absolut in Ordnung finden, ihre besten Leistungen erbringen und ein gutes Gefühl dabei haben. Auf der anderen Seite gibt es jedoch Bereiche, wo sie sich hilflos und ausgeliefert empfinden, keinen Zugang zu ihren Qualitäten haben, sich verkrampfen und geistig begrenzen. Oft kommen Lernende selber nicht aus solchen Situationen heraus und verstricken sich immer tiefer in den Sumpf der scheinbaren Unfähigkeit, der sie hinunterzieht und zu ersticken droht, je länger sie sich darin unfreiwillig aufhalten.

In solchen Momenten spüren Sie als Lehrperson: Hier braucht es Hilfe. Jetzt sind Sie mit Ihrem Können gefordert.

Ich möchte Ihnen hier eine Methode zeigen, wie Sie Schülern in solch schwierigen Situationen rasch und wirkungsvoll helfen können. Die Grundidee ist sehr einfach: Helfen Sie Ihren Schülerinnen und Schülern, sich an erfolgreiche Strategien zu erinnern, diese zu beleben und in schwierigen Situationen einzusetzen. Ich möchte Ihnen anhand eines Beispieles zeigen, wie dieser Prozeß vor sich geht. Ein Schüler der Oberstufe berichtete seinem Lehrer genervt, wie es ihm einfach immer schwerfalle, die Geometrie zu lernen. Wie er ihm geholfen hat, können Sie aus dem folgenden Gesprächsausschnitt zwischen dem Lehrer und dem Schüler entnehmen.

Beispiel

(L=Lehrer, S=Schüler)
L: Was kannst du gut?

S: *Sport, da bin ich super.*

L: *Im Sport. Ja. Wie weißt du das so genau?*

S: *Ich weiß es einfach. Da bin ich ganz sicher. Ich bin einfach gut im Sport.*

L: *Was hast du sehr gut gelernt im Turnen?*

S: *Zum Beispiel ... zum Beispiel vom 5 Meter-Sprungbrett zu springen.*

L: *Kannst du mir sagen, wie ich vorgehen müßte, wenn ich es auch lernen woll-*
   te?

S: *Ja. Zuerst stellen Sie sich einfach aufs kleine Sprungbrett, stehen gerade,*
   vorne. Sie halten Ihre Arme über dem Kopf (zeigt es). *So. Dann lassen Sie sich*
   einfach langsam nach vorne fallen.

L: *Wenn ich Angst habe?*

S: *Dann müssen Sie zuerst mit etwas Leichterem beginnen.*

L: *Wie denn?*

S: *Sie setzen sich aufs niedrigste Sprungbrett. Sie ziehen die Füße parallel ge-*
   gen den unteren Rand des Brettes. Gleichzeitig neigen Sie Ihre beiden Arme
   nach vorn. Irgendwann kippen Sie. Sie lassen sich locker ins Wasser plump-
   sen, während Sie sich gerade strecken. Das ist es.

L: *Was ist wichtig dabei?*

S: *Es ist wichtig, daß Sie damit einfach beginnen. Sie denken, daß es schon ge-*
   hen wird.

L: *Und wenn es nicht gut läuft?*

S: *Sie werden sicher zuerst Fehler machen. Da sagen Sie sich: „So, jetzt versuch*
   ich es nochmals. Jetzt weiß ich, wie ich es verbessern kann." Dann gelingt es
   schon ein bißchen besser. Dann müssen Sie diesen ersten Schritt solange
   üben, bis Sie ihn können.

L: *Gut, und wenn ich den ersten Schritt erfüllt habe, was tue ich dann?*

S: *Dann kommt der nächste, schwierigere Schritt dran. Sie gehen dann so vor*
   wie beim ersten Schritt. So fahren Sie fort, bis Sie es können.

L: *Gut. Du hast mir gezeigt, wie man lernen kann gut zu springen. Wenn du dir*
   nun vorstellst, du würdest genau so vorgehen in Geometrie. Wie würdest du
   vorgehen?

S: *Ich müßte wissen: Das kann ich. Aber das ist eben schwieriger.*

L: *Glaubst du, daß du im Prinzip Dinge lernen kannst, die du noch nicht*
   kannst?

S: *Ja, das glaube ich.*

L: *Wie gehst du bei der Geometrie vor, wenn du das gleiche machst wie beim Er-*
   lernen des Kopfsprunges?

S: Ich beginne auch mit ganz kleinen Schritten.

L: Was sind kleine Schritte?

S: Ich beginne mit dem Dreieck, das ist für mich am einfachsten. Ja. Dann folgt das Quadrat, dann das Rechteck. So fahre ich fort. Zuletzt schaue ich mir die Dinge mit dem Trapez an. Das ist am schwierigsten.

L: Du unterteilst die Dinge zuerst. Und wenn du mit dem kleinsten Schritt, dem Dreieck, beginnst, was genau machst du? ...

So fragt dieser Lehrer seinen Schüler zuerst nach einer bestimmten Fähigkeit – in unserem Beispiel ist es das Springen – und analysiert den Lernprozeß, der zu diesem Ergebnis geführt hat. Das Lernvorgehen wird herausgearbeitet, Schritt für Schritt, bis es im Bewußtsein des Schülers ist. Um zu diesem Ergebnis zu kommen, gibt es verschiedene Möglichkeiten. Entweder kann man fragen: Was müßte ich tun, um das auch zu können. Oder man fordert den Schüler auf, zu berichten, wie er vorgegangen ist. Es ist wichtig, weit bis zu den kleinen Schritten vorzustoßen. Anschließend führt der Lehrer den Schüler mit Hilfe dieser Schritte durch den Problembereich hindurch. Es ist so, als habe sich der Schüler ein Instrument besorgt und bewältige nun damit die schwierige Aufgabe.

In unserem Beispiel steht am Anfang eine große Portion Gewißheit »es zu können«. Weitere Elemente sind: Man muß klein beginnen; es ist eine gute Körperhaltung nötig; Fehler werden auftreten und sollen als Feedback genutzt werden; es soll schrittweise vorgegangen werden, vom kleinsten zum größten; ganz zum Schluß geht es darum, alles zusammenzuketten und zu verknüpfen.

Das Vorgehen, das der Lehrer im Beispiel gewählt hat, klingt sehr einfach. Tatsächlich bedarf es jedoch einiger Übung, um in dieser leichten, fast spielerischen Art vorgehen zu können. Nachfolgend finden Sie die Anleitung, wie Sie vorgehen können. [*]

Ihre Schritte für die Nutzung von Goldgruben

1. Sie erkennen eine Situation, die für eine Schülerin oder einen Schüler immer wieder unerträglich erscheint (ein Lerngegenstand, der als schwierig wahrgenommen wird).

2. Schaffen Sie einen Kontext, der Ihnen ermöglicht, einige Minuten Zeit für diesen einzelnen Schüler zu investieren.

---

[*] vgl. Kobler, H.P.: *Neues Lernen für das Land*. Paderborn: Junfermann ²1998, S. 262 ff.

3. Holen Sie die Schülerin aus dem festgefahrenen Zustand heraus, indem Sie sie sanft ansprechen: „Es scheint nicht so gut zu laufen. Darf ich dir helfen? Hör mir zu! ..." Achten Sie auf die Körperveränderung, das Aufrichten, den Blickwechsel. Sie brauchen eine »neutrale«, nicht problembeladene Körperhaltung.

4. Lassen Sie den Schüler nach einer Fähigkeit suchen. Sagen Sie beispielsweise: „Was kannst du besonders gut?" Sie können auch selbst so eine Fähigkeit erwähnen.

5. Fragen Sie den Schüler: „Wie hast du das gelernt? Was hast du am Anfang getan? Was war der nächste Schritt? Und was hast du dann getan?" Erkunden Sie die Abfolge vom Anfang bis zum Ende. Sie können auch vom Ergebnis her zum Anfang zurückfragen: „Du kannst das gut? Was war der Schritt, kurz bevor du es ganz gekonnt hast? Was war noch vorher? Was hast du ganz am Anfang getan? Wie hast du dich entschieden, damit anzufangen?" Lassen Sie sich bei den Fragen durch Ihre Intuition leiten. Fragen Sie das, was Ihnen wichtig erscheint zum Verständnis der Strategie des Schülers. Achten Sie bei der Befragung darauf, daß der Schüler in bester Verfassung bleibt.

6. Lassen Sie die Schülerin oder den Schüler seine Fähigkeitenstrategie auf den problematischen Bereich übertragen. Sagen Sie beispielsweise: „Wenn du dir nun vorstellst, du würdest bei P (Problembereich) so vorgehen wie bei F (Fähigkeit), wie würdest du beginnen? ... Was ist der nächste Schritt?" ... Fahren Sie so fort.

7. Lassen Sie die Schülerin oder den Schüler dieses Vorgehen aus Schritt 6 in die Realität umsetzen. Beginnen Sie etwa so: „Wie beginnst du jetzt? ... Weißt du nun, wie du an die Aufgabe herangehst?..."

12. Fördern Sie den lustvollen schriftlichen Ausdruck

Kürzlich war ich zu einer Schulreise einer Unterstufe eingeladen. Als wir nach einer Wanderung eine Pause einschalteten, nahm Stefanie Papier und Schreibzeug aus dem Rucksack und begann zu schreiben. Einige Zeit später las sie vor. Eine phantasievolle, kleine Geschichte von einer Naturhexe, die einem Tier im Wald begegnet und mit ihm Zwiesprache hält, wurde uns dargeboten. Erstaunlich war die Faszination und Begeisterung, mit der Stefanie geschrieben hatte, und das alles freiwillig und strahlend. Sie schien sich sogar zu erholen dabei. In diesem Moment wurde sie für mich zu einem Idealbild, denn sie hatte das, was ich vielen anderen auch wünsche: die Fähigkeit, lustvoll zu schreiben und sich auszudrücken. Vielleicht erinnern Sie sich auch an die vielen Schülerinnen und Schüler, die sich sehr schwertun mit dem schriftlichen Ausdruck, mit allem, was mit Schreiben und Sprache zu tun hat. Es scheint für viele nicht selbstverständlich zu sein, mit Sprache so wie Stefanie umzugehen.

Der schriftliche Ausdruck nimmt eine zentrale Stellung beim schulischen Lernen ein. Sprachunterricht ist eines der Hauptfächer, und dadurch richtungsweisend für schulischen Erfolg oder Mißerfolg. Wer sich schriftlich und mündlich gewandt ausdrücken kann, hat erfahrungsgemäß auch mehr Lebenserfolg.

Lehrerinnen und Lehrer aller Schulstufen stellen Unterschiede in der Ausdrucksfähigkeit der Lernenden fest. Ebenso bestehen Unterschiede in der Lust, sich sprachlich schriftlich und mündlich auszudrücken. Manche Schüler erwerben von Jahr zu Jahr weitere Vorteile. Die Freude am Schreiben versetzt sie in eine fibrierende, andauernde Motivation, während bei den anderen die Schreibergebnisse immer gleich spärlich bleiben, weil sich die Tätigkeit des Schreibens bei ihnen mit einem sehr unangenehmen Gefühl verbindet. Dieses Unbehagen baut sich immer mehr aus und stabilisiert sich. Das Selbst-Bild wird durch solche Erfahrungen geprägt und geformt: in dem einen Fall auf gün-

71

stige, im anderen auf ungünstige Weise. Während sich die einen als immer kompetenter und lernfähiger wahrnehmen, empfinden sich die anderen als zunehmend inkompetent und unfähig, die Hauptsache zu begreifen.

Das muß nicht so sein. Die Unterschiede zwischen den Schülern liegen nicht darin begründet, daß die einen einfach genetisch bevorzugt und die anderen benachteiligt sind. Viel bedeutsamer ist die unterschiedliche Art, wie die Lernenden an ihre Schreibarbeiten herangehen. Die Schüler haben zufälligerweise unterschiedliche Methoden und Strategien entdeckt, wirksame die einen, ungenügende die anderen.

Oft haben wir uns als Lehrende zuwenig damit auseinandergesetzt, was die zentralen Unterschiede wirkungsvoller und unwirksamer Methoden ausmacht. Wir richten unsere Aufmerksamkeit auf die inhaltliche Ebene, während wir uns oft hilflos den Bemühungen der Schüler um Erfolg beim schriftlichen Ausdruck gegenübersehen. Dann überlassen wir es den Schülern, zu entdecken, wie das menschliche Hirn am besten eingesetzt wird, um sich schriftlich und mündlich lustvoll auszudrücken. Viele Schülerinnen und Schüler finden für sich auch tatsächlich einen brauchbaren oder sogar exzellenten Weg. Aber viele andere bleiben ohne das Geheimnis auf der Strecke zurück.

Deshalb erfahren Sie hier eines der wichtigen Geheimnisse, wie man zu einem lustvollen schriftlichen Ausdruck gelangt. Sie lernen die **Methode des MindMappings** kennen[*] und erfahren, wie Sie sie für die Förderung der freien Ausdrucksfähigkeit am besten einsetzen. Sie können davon ausgehen, daß mit Hilfe dieser Methode alle Schüler in gleichem Maße profitieren, aber speziell jene, die selbst noch nicht auf ähnliche Methoden gestoßen sind.

MindMapping beginnt damit, daß man in die Mitte eines Blattes den zentralen Punkt eines Themas schreibt: ein Stichwort, das das Wesentliche des Themas, der Fragestellung oder des Problems erfaßt, zu dem man Ideen gewinnen will. Anschließend läßt man seinen Gedanken freien Lauf und notiert die auftauchenden Assoziationen rund um den Hauptpunkt herum. Die Schlüsselwörter der Gedankenkette werden mit dem Mittelpunkt verbunden. Sie dienen dazu, weitere Gedankenketten anzuhängen, so daß nach und nach ein Gebilde entsteht, das einem immer feinmaschigeren Wurzelwerk ähnlich scheint. Betrachten wir ein Beispiel eines einfachen MindMaps eines Schülers der 5. Grundschulklasse. Das Thema, das er gewählt hatte, war »Mein Lieblingstier«:

---

[*] vgl. Beyer, M.: *BrainLand. MindMapping in Aktion.* Paderborn: Junfermann ³1997. Sie finden dort viele praktische Tips zu Formen und Einsatzmöglichkeiten des MindMappings.

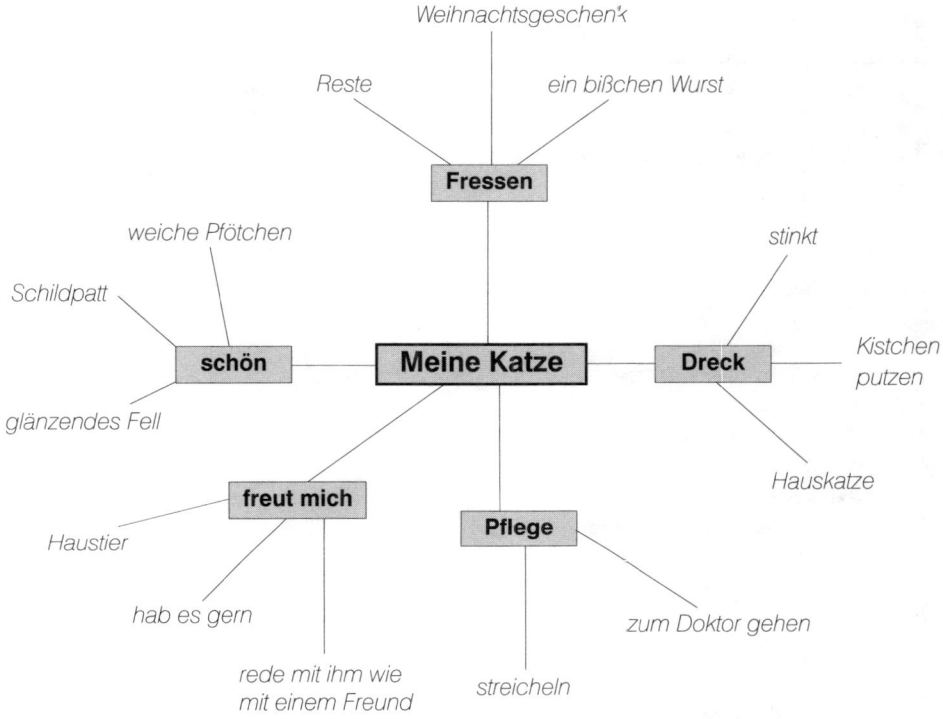

Der größte Vorteil des MindMappings besteht darin, daß dem Gehirn beigebracht wird, sowohl das ganze Bild als auch die Details gleichzeitig wahrzunehmen. Dabei verbinden sich Logik und Kreativität auf einmalige Art. Diese Verbindung wird zusätzlich unterstützt, wenn man bei der Gestaltung Farbe und interessante Formen verwendet. Dem Gestaltungstalent des Wurzelwerks sind somit bei der Darstellung keine Grenzen gesetzt. Im Gegenteil geht es sogar darum, Grenzen zu sprengen und neue Formen zu entdecken, so daß das Gebilde für beide Hirne bei der Betrachtung Neugier und Freude weckt.

Ihre Schritte beim Training Ihrer Klasse

1. Geben Sie den Schülern immer wieder ein Thema, das als Schreibgrundlage dient. Zeigen Sie ihnen, wie sie dazu Ideen entwickeln können, indem sie einfach ihren Gedanken den freien Lauf lassen. Vielleicht demonstrieren Sie ein Beispiel zusammen mit der ganzen Klasse.

2. Lehren Sie Ihre Schülerinnen und Schüler, welche Möglichkeiten es gibt, die Ideen in eine bildhafte Darstellung zu verwandeln (MindMapping). Erklären Sie: Es geht darum, eine Kernidee in die Mitte zu setzen. Zeigen Sie den Schülern, was eine Kernidee ist.

3. Leiten Sie die Lernenden dazu an, jede Gelegenheit zum freien Schreiben zu nutzen. Frei ist hier als Gegensatz zu unfrei, kontrolliert zu verstehen. Ziel dabei ist, das Erlernen des freien Ideenflusses auf lustvolle Art zu fördern.

4. Geben Sie den Schülern Gelegenheit, ihre Ideen zu ordnen: Übergeordnete Bestandteile, untergeordnete Begriffe und Bilder, Zweige, Verästelungen, Hauptpunkte und Detailpunkte. Was ist der Mittelpunkt, um den sich alles dreht?

Demokratische Planung von Klassenprojekten mit Hilfe des MindMappings

1. Hängen Sie ein großes Stück Papier an die Wand. Papier wirkt in der Regel motivierender als die Wandtafel.

2. Geben Sie die Aufgabenstellung als Oberthema vor. Entscheiden Sie entsprechenderweise im voraus, was der Kern der Sache ist.

3. Lassen Sie alle Beteiligten frei dazu assoziieren. Geben Sie dabei ganz klar die Regeln vor: nicht unterbrechen; jeder darf zu Wort kommen; alle Ideen sind gleich viel wert; auch absurdeste Ideen finden ihren Platz in der Darstellung.

4. Sammeln Sie alle Ideen, ohne sie zu bewerten.

5. Laden Sie alle ein, unter das Hauptthema Unterthemen zu gruppieren, Schwerpunkte herauszufiltern. Helfen Sie mit Ihren Ideen kräftig mit, ohne dabei die Schüler beim Denken zu stören.

6. Bringen Sie die restlichen Ideen in Übereinstimmung mit den Schwerpunkten.

7. Lassen Sie die Lerngruppe Untergruppen bilden, wobei sich jede mit einem Schwerpunktthema befaßt. Geben Sie den Auftrag: weiteres Assoziieren zum Unterthema.

8. Lassen Sie die Ideen der Untergruppen wiederum der ganzen Klasse zukommen. Es kann beispielsweise jemand aus der Gruppe referieren, wobei der Rest der Untergruppe die Ausführungen ergänzen kann. Oder die Untergruppe liefert die Informationen schriftlich. Usw.

9. Lassen Sie die Ideen bewerten und das Brauchbare selektieren.

10. Jetzt geht es darum, zu entscheiden, die Ausführung zu planen, Aufgaben zu verteilen, den Fortschritt zu definieren und im Auge zu behalten. Die Plakate dienen dabei als Grundlage.

13. Wie Sie unerwünschtes Verhalten respektvoll korrigieren

Unterricht betrifft immer mindestens die folgenden drei Ebenen: erstens den inhaltlichen und intellektuellen Bereich, zweitens das soziale Feld oder das Zusammenspiel der Personen und drittens den Bereich der Gefühle oder das emotionale Verhalten. Auf jeder dieser Ebenen lernen Schülerinnen und Schüler sowohl durch Selbstreflexion als auch aus den Rückmeldungen aller Beteiligten.

Wichtig für das Wohlergehen der Schülerinnen und Schüler sind die Kameradinnen und Kameraden, und vor allem Sie als Lehrperson. Diese wichtigen anderen Personen nehmen auf zwei Arten Einfluß: erstens mit Hilfe von Bestätigungen, Ermutigung und Lob des erwünschten Verhaltens und zweitens durch Korrektur des unerwünschten Verhaltens. Lob und Ermutigung führen zu einer vermehrten Anwendung des bestätigten Verhaltens, wogegen die Korrektur von unerwünschtem Verhalten zu einem Vermeiden und Auslöschen dieses Verhaltens führt. In diesem Bereich hat vor allem die Lerntheorie überzeugende wissenschaftliche Ergebnisse geliefert.

Anlässe zu dieser Art von Lernen gibt es täglich. Bewußt oder unbewußt bestätigen oder korrigieren sich Menschen beim Zusammensein ständig.

Es ist deshalb besonders nützlich zu wissen, wie man unerwünschtes Verhalten am besten korrigieren kann, so daß dadurch die besten Effekte für alle Beteiligten entstehen. Es ist wichtig, richtig vorzugehen, um das Selbstwertgefühl der korrigierten Person auf einem optimalen Niveau zu halten und durch die angewandte Korrekturmethode sogar noch zu steigern. Wie soll das geschehen?

1. Beschreiben Sie das nicht gewünschte Verhalten so genau wie nur möglich. Dabei können Sie zwischen zwei grundsätzlichen Sorten unerwünschten Verhaltens unterscheiden:

a) Verhalten, das auf der Sachebene Probleme verursacht und den Kontext nicht wesentlich beeinflußt, und

b) Verhalten, das störende Auswirkungen in den Kontext hinein zeigt.

2. Erforschen Sie die Auswirkungen des unerwünschten Verhaltens, und beschreiben Sie es so genau wie möglich.

3. Formulieren Sie den Wunsch, der durch dieses Verhalten nicht erfüllt wird. Geben Sie an, was die Schülerin oder der Schüler genau tun soll, um das »richtige Verhalten« zu zeigen. Stellen Sie beispielsweise eine klare Forderung auf eine Weise, so daß jede Person, die sie hören würde, verstehen könnte, was Sie konkret damit meinen.

4. Achten Sie darauf, daß die Botschaft beim Schüler angekommen ist und gute Spuren hinterläßt. Erkennen können Sie sie durch das Auftreten einer absolut bejahenden Haltung.[*] Das heißt: Sie können erkennen, daß der Schüler bereit ist, die Forderung von nun an zu erfüllen oder sich Mühe zu geben, ihr zu entsprechen.

5. Manchmal ist es hilfreich, wenn Sie gemeinsam mit dem Schüler nach verschiedenen Alternativen suchen. Dies gilt vor allem dann, wenn aus Ihrer Betrachtungsperspektive verschiedene Lösungen möglich wären. Die gemeinsame Suche nach Lösungen zusammen mit dem Schüler ist dann ebenfalls wichtig, wenn Sie selbst keine konkrete Lösung gefunden haben und einfach nur das Sie störende Verhalten lokalisieren können. Dann können Sie gemeinsam in einem längeren Prozeß nach anderen Wegen suchen, wie das unerwünschte Verhalten ersetzt werden kann durch ein anderes, sozial, emotional und intellektuell akzeptables Verhalten.

Beispiel 1

Eine Schülerin verursacht ihrer Lehrerin ein Problem, indem sie bei schriftlichen, selbständigen Arbeiten, die die Phantasie herausfordern, beinahe regel-

---

[*] vgl. Kobler, H.P.: *Neues Lernen für das Land*. Paderborn: Junfermann ²1998, S. 215 ff.

mäßig sehr kurze Arbeiten als beendet betrachtet. Es zeigen sich bei der Korrektur der Arbeiten auch übertrieben viele Rechtschreibfehler, gemessen an der gewohnten Leistung dieser Schülerin. Es handelt sich – so interpretiert es die Lehrerin – um ein Problem auf der Sachebene. Die Lehrerin korrigiert das Verhalten der Schülerin respektvoll, indem sie die betrachteten Schritte anwendet. Der anschließende Dialog – er ist selbstverständlich erst nach einer genauen Vorbereitung möglich – liest sich so:

L: *Susanne, ich habe ein Problem mit dir, das ich besprechen möchte. Bist du bereit es zu hören?* (Susanne nickt.) *Mir ist aufgefallen, daß du bei der letzten schriftlichen Arbeit, die wir gemacht haben, gerade 17 kurze Sätze geschrieben hast. Es fällt mir auch auf, daß du dabei sehr viele Rechtschreibfehler gemacht hast.* (Die Lehrerin sieht freundlich aus, die Stimme wirkt sachlich und gelassen; sie beschreibt ganz einfach die Fakten.) *Ich mache mir Sorgen deswegen und frage mich, ob ich ein falsches Thema gewählt habe.*

S: *Nein, nein, das Thema ist schon richtig gewesen. Ich weiß, daß es mir oft passiert, daß ich einfach den Zugang zum Thema verpasse. Dies geschieht vor allem, wenn ich so allein wählen kann, was ich schreiben soll. Mir kommt viel in den Sinn, aber ich schreibe es nicht auf, weil es mir zu einfach erscheint.*

L: *So kommt es, daß du am Schluß einen ganz kurzen Aufsatz schreibst. Wie kommt es denn, daß du so viele Fehler produzierst?*

S: *Auch dafür habe ich eine Erklärung: Bei dieser Arbeit wollte ich möglichst rasch fertig werden. So habe ich einfach alles sehr rasch niedergeschrieben, nachdem ich sehr lange Zeit nichts getan habe. Ich weiß: Ich habe die Arbeit am Schluß nicht mehr nach der Rechtschreibung überprüft, wie ich das sonst gewohnt bin bei Diktaten.*

L: *Susanne: Ich habe einen Wunsch an dich. Möchtest du ihn hören?*

S. *Ja, gerne.*

L: *Ich habe folgenden Wunsch: schaue das nächste Mal bei »freien schriftlichen Arbeiten« deinen Text nochmals ganz bewußt durch, bevor du ihn abgibst. Verstehst du, was ich meine?*

S: *Ja, ich verstehe, was Sie meinen.* (Die Lehrerin achtet jetzt sehr genau darauf, ob die Schülerin noch in einer bejahenden Grundhaltung bleibt. Sie sieht: Die Schülerin sieht sehr symmetrisch aus, ihre Beine stehen nebeneinander, beide Arme liegen im Schoß, ihr Kopf sitzt senkrecht auf den Schultern, und sie schaut der Lehrerin direkt in die Augen während sie

»Ja« zur Antwort gibt. Eine klare Ja-Haltung. Kein Einwand zeigt sich.) *Ich bin auch bereit, auf Ihren Vorschlag einzugehen.*

L: *Gut. Danke.*

Beispiel 2

Der Lehrer hat schon mehrmals beobachtet, wie Robert andere Schüler hänselt. Er entschließt sich, etwas zu unternehmen, um diese Verhaltensweise von Robert zu ändern, da er sie als unerträglich für sich und die ganze Klasse betrachtet. Zuerst überlegt er sich: Was genau ist es denn, was mich stört? Wann ist das unerwünschte Verhalten aufgetreten? Ihm fallen rasch einige Beispiele ein, die er nach einiger Überlegung auch so beschreiben kann, daß sie jeder verstehen könnte, denen er sie erklären würde.

Wie im ersten Beispiel setzt sich der Lehrer mit Robert zusammen und eröffnet das Gespräch, indem er ihm mitteilt, er möchte mit ihm ein Problem besprechen, das er mit ihm habe. Anschließend schildert er ihm anschaulich die Beispiele, deren Auswirkungen für die Klasse und auf ihn. Nachdem Robert begriffen hat, was das Problem ist, und welche Auswirkungen sich daraus für alle Beteiligten ergeben, teilt ihm der Lehrer mit, wie er sich in Zukunft verhalten soll. Er achtet auch wieder darauf, wie Robert dabei aussieht.

Beispiel 3

Die 15jährige Gulistan stellt für die Lehrerin ein Problem dar. Gulistan fühlt sich – so macht es den Anschein – innerhalb der Klasse sehr isoliert und einsam. Das ist das Problem, das die Lehrerin spürt. Als sie sich die Zeit nimmt, um darüber nachzudenken, sucht sie nach klaren Hinweisen, die diese Annahme untermauern. Ihr kommen verschiedene Beispiele in den Sinn: Gulistan hatte gestern während der Pause mit niemandem geredet. Vorgestern war sie in der Pause allein im Zimmer geblieben und hatte ihr Olivenbrot mit Knoblauch gegessen. Während der Klassendiskussion hatte sie sich kein einziges Mal gemeldet. Mindestens zehn Situationen fallen ihr ein. Nach dieser Vorbereitung sucht sie das Gespräch mit Gulistan. Hören wir uns einen kleinen Ausschnitt aus dem Schlußteil dieser Besprechung an:

Die Lehrerin hat Gulistan zehn Beispiele genannt. Gulistan war zuerst erschrocken über die Konfrontation durch ihre Lehrerin. Durch die warme, wohlwollend klingende Stimme und vor allem die glänzenden, offenen Augen ihrer Lehrerin fühlte sie sich jedoch sehr gut verstanden. Das Gefühl »kritisiert zu werden« verflüchtigte sich rasch, und sie war bereit, nach einer möglichen Lösung zu suchen.

L: *Du siehst, ich mache mir Sorgen um dich, da ich es nicht gutfinde, wenn du dich in dieser Art isolierst. Ich denke, daß es dir gar nicht entspricht. Du brauchst Kontakte und hast eigentlich deine Kameradinnen und Kameraden sehr gerne.*

G: *Ja, das stimmt. Es stimmt auch: Ich hab mich zurückgezogen. Ich fühle das genau.*

L: *Ja. Ich habe dafür im Moment auch keine Lösung. Ich habe jedoch einen Wunsch an dich. Willst du ihn hören?*

G: *Ja.*

L: *Mein Wunsch an dich ist: Ich möchte, daß du dir während der Pause jemanden aussuchst, um die Zeit zusammen zu verbringen, indem du etwas redest oder etwas spielst. Was denkst du darüber?*

G: *Ich möchte schon. Ich bin auch bereit, Ihre Idee auszuprobieren. Allerdings kann ich gar nichts garantieren. Ich fühle mich jetzt schon danach, als sei Ihr Wunsch bereits Realität.*

L: *Vielleicht gelingt es nicht.*

G: *Ja. Vielleicht kann ich es nicht machen. Wenn das dann auch in Ordnung ist, bin ich einverstanden mit dem Versuch.*

L. *Ja. Das ist für mich in Ordnung. Es ist auch in Ordnung, wenn es dir nicht gelingt. Dann ist das ganz sicher genau das Richtige. Versuche es doch einfach.*

Übungsschritte

1. Nehmen Sie Ihre Klassenliste zur Hand, und gehen Sie in Gedanken jeden Schüler und jede Schülerin durch. Suchen Sie Verhaltensweisen von Schülerinnen und Schülern, die Sie als korrekturwürdig betrachten. Ich empfehle Ihnen für Ihr Training, mit unerwünschten Verhaltensweisen zu beginnen, die Ihnen als eher kleines Problem erscheinen. Die Ausführung der einzelnen Schritte wird Ihnen dadurch leichter fallen.

2. Machen Sie sich das unerwünschte Verhalten bewußt: Was sehen Sie, was die andere Person tut? Was gibt es zu hören? Wo, zu welchem Zeitpunkt findet es statt? Wer ist dabei mit beteiligt? Suchen Sie mehrere Beispiele dafür.

3. Finden Sie heraus: Welche Auswirkungen zeigt das unerwünschte Verhalten? Auf wen hat es ganz konkret welchen negativen Einfluß? Welche Bedürfnisse von Ihnen werden dadurch eingeschränkt oder gar nicht berücksichtigt? Welche weiteren Bedürfnisse von anderen Personen werden durch das Verhalten mißachtet?
   Welche Bedürfnisse bringt die Schülerin oder der Schüler mit Hilfe dieses unerwünschten Verhaltens zum Ausdruck?

4. Formulieren Sie Ihren Wunsch, den Sie an diese Person haben. Jenen Wunsch, der die Kraft hat, das »negative Verhalten« in wünschbares umzuwandeln. Entwickeln Sie dabei eine klare Zielvorstellung.

5. Wählen Sie eine Person aus, bei der Sie in der Praxis mit Ihrem Training beginnen wollen.

6. Suchen Sie das Gespräch mit der Schülerin oder dem Schüler in der Praxis: Teilen Sie Ihrem Gegenüber mit, was Sie als unerwünscht betrachten. Beschreiben Sie das »störende« Verhalten. Geben Sie Beispiele dafür. Teilen Sie mit, welche konkreten Auswirkungen gefühlsmäßiger, zeitlicher und sozialer Art das unerwünschte Verhalten hat. Ergründen Sie, welche Bedürfnisse hinter diesem Verhalten der anderen Person stecken. Formulieren sie abschließend Ihre Wünsche so, daß Sie zu einer meßbaren Handlung führen können. Gewinnen Sie ein »Ja« von der Schülerin oder dem Schüler.

7. Lassen Sie Ihre Praxisschritte irgendwann zu einem späteren Zeitpunkt nochmals innerlich vorbeiziehen. [*] Überlegen Sie sich dabei: Was ist gut gelungen? Wo möchten Sie in Zukunft Änderungen vornehmen?

---

* Benutzen Sie auch die Methode, wie Sie im Kapitel 26 beschrieben wird.

14. Machen Sie sich Ihre zentralen Werte bewußt

Was ist Ihnen besonders wertvoll und bedeutsam? Wofür würden Sie durchs Feuer gehen? Als Lehrerinnen und Lehrer orientieren wir uns bewußt und unbewußt mit unserem verinnerlichten Kompaß: den Leitprinzipien, Glaubenssätzen und Einstellungen. Sie sind unsere inneren Landkarten, die wir benutzen, um den Ereignissen Sinn zu verleihen und das Gefühl von Stabilität und Kontinuität zu sichern. Wir reden hier von gemeinsamen Wertauffassungen, die ein tiefes Gefühl von Verbundenheit schaffen. Dies gilt im Leben generell und speziell für den Unterricht. Werte sind die Richtlinien für den Unterricht. Die eigenen Werte im Beruf zu kennen, zeugt von einer starken Persönlichkeit.

Unsere Wertauffassungen gründen auf verschiedenen Ursachen, wie zum Beispiel der Erziehung, wichtigen Anregungen durch bedeutsame Menschen, Vergangenheitserfahrungen und wiederholten persönlichen Erfahrungen. Sie schaffen mit der Zeit ein ganzes Netz zusammenhängender, verinnerlichter Auffassungen. Daraus leiten wir Verallgemeinerungen ab, um das Gelernte rasch und wirkungsvoll wiederverwerten zu können. Obwohl diese Generalisierungen im Prinzip dabei helfen, um uns gut zu orientieren im Gewühl der einströmenden täglichen Ereignisse, begrenzen sie manchmal unsere Wahrnehmungen, trüben den klaren Verstand und unser Tun. Es sind Vereinfachungen, die den viel komplexeren Situationen manchmal nicht mehr gerecht werden.

Zur Wirkung gelangen die Werte über zumeist unbewußte Bilder, innere automatisierte Selbstgespräche oder Sätze und Speicherungen in der Körperwahrnehmung.

Es gibt zwei generelle Wege, um die Werte bewußt zu machen. Erstens kann man sich selbst oder jemand anderen einfach danach fragen: Was ist dir besonders wichtig? Was erachtest du als erstrebenswert in deinem Unterricht? Wenn jemand so nach seinen Werten gefragt wird, bekommt man etwa folgende Stichworte zu hören: Wohlbefinden, Achtung, Selbstachtung, Respekt, Sicherheit.

Zweitens können wir die Werte indirekt erfahren durch bewußtes Überdenken unserer unwillkürlichen, automatischen Reaktionen auf Ereignisse: Wenn wir uns so verhalten, als ob die einen Ereignisse gut und die anderen schlecht wären, dann drängen unbewußte, bedeutsame, einflußreiche Werte und Überzeugungen an die Oberfläche. Sie bringen uns in Kontakt mit ihnen über die Körperreaktionen, Gedanken, Gefühle und das Verhalten.

Die genaue Betrachtung oder Analyse unserer spontan ablaufenden Verhaltensweisen und sprachlichen Reaktionen gibt uns also indirekt Aufschluß über unsere Werte: darüber, was uns wirklich viel bedeutet. Betrachten können wir sowohl Situationen, in denen wir uns sehr wohl fühlen, als auch solche, bei denen wir merken: da läuft etwas schief.

Die Kenntnis unserer wichtigsten Leitprinzipien ist Wissen für die Praxis. Wenn wir erkennen, wovon wir innerlich ausgehen – oder was uns wichtig ist –, können wir voll und ganz dazu stehen und daraus entsprechende Handlungsanweisungen und Regeln für den Unterricht ableiten. Wir können unserer Klasse gegenüber genau sagen, was uns wirklich viel bedeutet. Wenn wir zuwenig darüber wissen, laufen wir Gefahr, unsere Werte auf eine nicht kongruente Art auszuleben, in einer Art Spontaneität, die die anderen Menschen, die mit uns zu tun haben, überfahren kann.

Rufen Sie sich deshalb Ihre eigenen Werte ins Bewußtsein, und setzen Sie sich damit auseinander.

Was sind Ihre zentralen Werte?

1. Nehmen Sie sich einige Minuten Zeit, um die folgende Frage zu beantworten: Was ist Ihnen besonders wichtig? Wofür setzen Sie am meisten Energie ein? Sammeln Sie die auftauchenden Begriffe so, wie sie Ihnen in den Sinn kommen, ohne sie zu bewerten oder bereits zu ordnen.

a) ....

b) ....

c) ....

d) ....

2. Bringen Sie die Begriffe in eine für Sie stimmige Rangfolge. Sie gelangen zu diesem Ergebnis, indem Sie sich zum Beispiel fragen: Ist Sauberkeit wichtiger als Liebe? Antwort: Nein, Liebe ist wichtiger. Dann kommt Liebe über Sauberkeit. Weiter: Ist nun Liebe wichtiger als zum Beispiel Freiheit? Antwort: Ja, Liebe ist wichtiger: Also kommt Liebe über Freiheit zu stehen. Dann können Sie sich fragen: Ist Sauberkeit wichtiger als Freiheit? Antwort: Nein, Freiheit ist über der Sauberkeit anzuordnen. Verfahren Sie in dieser Art, bis alle Werte geordnet sind.

a) ....

b) ....

c) ....

d) ....

Werte anhand von unerwünschten/erwünschten Situationen erkennen

1. Suchen Sie in Ihrer Erinnerung drei Unterrichtssituationen, bei denen Sie sich sehr unwohl gefühlt haben. Versetzen Sie sich nochmals in die erste Situation hinein, so daß Sie eine konkrete, erlebbare Vorstellung davon entwickeln. Beginnen Sie mit der ersten Situation und führen Schritt zwei damit aus.

2. Finden Sie heraus: Was genau regt Sie bei dieser Situation auf? Was genau fehlt Ihnen dabei? Welche Ihrer wichtigen Werte werden durch dieses Ereignis betroffen und nicht berücksichtigt?

3. Verfahren Sie mit den anderen beiden Unterrichtssituationen so wie bei der ersten.

4. Suchen Sie in Ihrer Erinnerung drei Unterrichtssituationen, bei denen Sie sich sehr wohl gefühlt haben. Versetzen Sie sich auch wiederum in die erste Situation, und finden Sie die Werte heraus anhand des Schrittes 2.

5. Verfahren Sie mit den weiteren angenehmen Ereignissen so wie mit dem ersten.

Stichproben im Unterrichtsalltag zur Bestimmung der Werte

1. Entscheiden Sie sich für drei Stichproben aus dem Unterrichtsfeld, zum Beispiel: a) eine Situation, bei der Sie sich auf Ihren Unterricht vorbereiten; b) eine Situation während des Unterrichts; c) eine Situation, bei der Sie mit einer erwachsenen Person im Kontakt sind. Vielleicht wählen Sie auch andere Stichproben aus.

2. Finden Sie heraus: Worum geht es Ihnen dabei? Warum haben Sie sich genau so und nicht anders verhalten? Was haben Sie durch diese Verhaltensweise gewonnen? Schreiben Sie Ihre Stichworte dazu auf. Erstellen Sie zu jeder Stichprobe Ihre Liste mit den Stichworten.

   Beispiel: a) Perfektionismus, Lockerkeit, spielerisch soll es sein; b) ankommen bei den Schülern, lustig sein; c) etwas bieten können, ernstgenommen werden.

3. Untersuchen Sie Ihre Gewichtungen. Sie haben es mit bedeutenden Werten zu tun. Bringen Sie sie in die richtige Reihenfolge.

   Beispiel: 1) ernstgenommen werden; 2) ankommen; 3) etwas bieten können; 4) Perfektionismus; 5) lustig; 6) locker und spielerisch.

4. Bringen Sie Ihre Werte in einem für Sie stimmigen Satz unter. Dies gilt jedoch nur, wenn Sie mit Ihren in Ihrem Verhalten sichtbaren Werten einverstanden sind.

   Beispiel: Ich möchte ernstgenommen werden, ankommen bei den Schülern, ihnen etwas bieten können, perfekt sein, lustig, locker und spielerisch.

15. Rufen Sie so in den Wald, daß es richtig zurückklingt!

Wie Sie in den Wald rufen, so klingt es zurück. Gefällt Ihnen das Echo, das Sie erzeugen? Sie sind verantwortlich dafür. Erzeugen Sie also den Widerhall, den Sie sich wünschen!

Reinhard Tausch – er ist einer der führenden Forscher im Unterrichtsbereich – hat diese Resonanz aus dem Unterrichtswald wissenschaftlich untersucht und dafür den Begriff der sozialen Reversibilität geprägt. Er hat damit schon vor einem Vierteljahrhundert eine folgenreiche Dimension jedes Unterrichts entdeckt, die heute genauso Gültigkeit besitzt wie damals.[*] Was ist damit gemeint?

Wenn Sie sich so gegenüber Ihren Lernenden verhalten, daß diese sich Ihnen gegenüber genauso geben können, ohne damit die Regeln des Anstandes zu verletzen, dann verhalten Sie sich sozial reversibel. Die Schüler können Ihr Lehrerverhalten als Vorbild nehmen und sich Ihnen gegenüber in der genau gleichen Art zeigen. Sie werden sich durch diese Schülerreaktionen als Lehrperson hundertprozentig ernstgenommen fühlen.

Umgekehrt verhalten Sie sich sozial irreversibel, wenn die Schüler den guten Ton danebentreffen, sofern sie beginnen, sich Ihnen im Verhalten anzugleichen. Nicht umkehrbares Lehrerverhalten verbietet den Schülern, Sie zu imitieren, da sie sonst Gefahr laufen, als unanständig, asozial und unhöflich eingestuft zu werden.

Der Hauptmaßstab für soziale Reversibilität läßt sich also so beschreiben: Es ist anständig, wenn sich die Schülerinnen und Schüler Ihnen gegenüber gleich verhalten, wie Sie sich ihnen gegenüber.

---

[*] vgl. Tausch, Reinhard: *Erziehungspsychologie*. Göttingen: Hogrefe 1970, S. 370 ff.

Beispiel für sozial reversibles Verhalten	Beispiel für sozial irreversibles Verhalten
Lehreräußerung:	*Lehreräußerung:*
„Magst du auch aufhören mit der Arbeit? Ich möchte Euch allen noch etwas zeigen. Danke." (Stimme klingt weich, wohlklingend, Gesichtsausdruck freundlich, Körperhaltung offen, zugewandt)	„Hör endlich auf mit der Schweinerei!" (Stimme laut, gepreßt, Augenbrauen zusammengekniffen, Hände leicht zu Fäusten geballt, unfreundlicher Gesichtsausdruck)
Schüler redet leise. „Ich kann dich nicht gut verstehen. Würdest du es bitte nochmals sagen?" Freundliches Aussehen, sachlich im Tonfall.	Ein Schüler redet leise. „Kannst du nicht lauter reden! Sonst hast du doch auch ein lautes Mundwerk." (unfreundlich in Körperausdruck und Stimme)

Wie Sie aus diesen Beispielen entnehmen können, umfaßt das Verhalten viele komplexe sprachliche und körpersprachliche Reaktionen: inhaltliche Formulierung, Sprechvolumen, Wortwahl, Körpersprache, Gesichtsausdruck, Gestik, Mimik, Pausen, Muskelspiel in der Kieferpartie, Art der Atmung usw.

Da man nicht genug hervorheben kann, wie wichtig die soziale Umkehrbarkeit – oder soziale Reversibilität – für den Unterricht ist, ist es besonders wichtig, für diesen Bereich eine Idee zum persönlichen Training zu bekommen. Ich unterbreite Ihnen im folgenden eine relativ offene, weitgefaßte Übung, die Ihnen genügend Spielraum läßt, Anpassungen an Ihre persönliche Situation vorzunehmen. Vor allem für diese Übung empfehle ich Ihnen regelmäßiges, kontinuierliches Wiederholen, so daß die dadurch erworbenen Kommunikationsgrundlagen zu einem unbewußten Teil Ihrer Persönlichkeit werden:

Wie Sie Ihre soziale Reversibilität erhöhen

1. Tonbandaufnahmen von Unterrichtssequenzen
Fertigen Sie Tonbandaufnahmen von Unterrichtssequenzen an, bei denen Sie selbst zu hören sind beim mündlichen Austauch mit Schülerinnen und Schülern. Achten Sie darauf, daß es zufällige Stichproben sind. Vielleicht bitten Sie eine Schülerin oder einen Schüler, das Tonbandgerät irgendwann während einer kurzen Zeit von ca. zehn Minuten einzuschalten. Damit klar ist, was Sie wollen, ist es hilfreich, die Grundidee weiterzugeben.

2. Analyse der Ausschnitte

Analysieren Sie diese Ausschnitte nach folgenden Gesichtspunkten:

a) Hören Sie zuerst auf die Melodie Ihrer Stimme, Intonation und Stimmqualität:

Ist es Ihre Stimme, wie Sie sie kennen, wenn Sie nicht unterrichten? Klingt die Stimme angenehm oder unangenehm? Wirken Sie natürlich? Könnten die Schüler auch in dieser Stimmlage mit Ihnen reden, ohne daß es unanständig klingen würde? Ist die Stimme laut oder leise?

b) Analysieren Sie anschließend die Wortwahl:

Sind es Satzkonstruktionen und Wortverwendungen, die auch die Schüler brauchen könnten, ohne dabei Anstandsregeln zu verletzen?

c) Analysieren Sie die Zusatzbotschaften:

Wirkt die Stimme bestimmend? unterwürfig? aufdringlich? überheblich? militärisch? ängstlich? genervt? gereizt? Wie würden Sie sich fühlen, wenn eine Schülerin oder ein Schüler so mit Ihnen reden würde?

3. Sich in die Situation des Schülers versetzen

Versetzen Sie sich ganz in die Situation eines Schülers, der mit Ihnen zu tun hat. Wie wirkt die Art auf Sie, wenn Sie sie von außen auf sich wirken lassen?

4. Daraus lernen

Was lernen Sie aus der Analyse dieser Tonbandsequenzen? Leiten Sie für sich eine maßgeschneiderte Aufgabe ab. Schließen Sie mit sich einen gültigen Vertrag ab, diese Aufgabe auszuführen. Bestimmen Sie den genauen Zeitpunkt. Stellen Sie sich genau vor, wie Sie sein werden.

5. Ausführen der Aufgabe

Führen Sie die Aufgabe aus. Vielleicht benutzen Sie dabei wiederum das Tonbandgerät als objektive Außeninstanz. Zu einem späteren Zeitpunkt haben Sie dadurch die Möglichkeit, Ihre Ausführung zu überprüfen.

16. Lassen Sie die Schüler eigene Korrekturen vornehmen

Alle Schülerinnen und Schüler sind allein oder zu zweit damit beschäftigt, einem Text – sie haben die Ideen mit Hilfe des MindMappings herausgearbeitet* – den letzten Schliff abzugewinnen. Sie sind sehr eifrig und konzentriert bei der Sache. Dieser Stoff wird ja später der ganzen Klasse präsentiert, damit alle informiert sind. Verschiedene Bilder zum Thema Steinzeit stehen den Lernenden als Zentrum der Betrachtung für ihre Beschreibungen zur Verfügung: Bilder mit Szenen aus dem Jagdbereich, der Essenszubereitung, Kindererziehung, Kleiderherstellung, Spiele mit Kindern usw.

Diese Situation treffe ich an, als ich eine 5. Klasse besuche. Nachdem die Schüler diese Hauptarbeit erledigt haben, beginnen sie mit der zusätzlichen stilistischen und grammatikalischen Feinbearbeitung der vorliegenden schriftlichen Unterlagen. Dabei wird es für mich besonders spannend, und meine Neugier ist absolut geweckt. Die sonst mühsame grammatikalische und stilistische Feinarbeit wird nämlich hier in einer reizenden, leicht zugänglichen Art bewältigt:

Gruppenweise oder einzeln haben die Schülerinnen und Schüler Auftragskarten zur Hand, auf denen sie verschiedene Anweisungen erhalten. Auf der Vorderseite findet sich eine bestimmte Anleitung. Auf der Rückseite veranschaulichen Beispiele die Anwendung der entsprechenden Regel. Die Lernenden setzen sich jeweils mit Hilfe einer Karte mit ihrem Textmaterial auseinander, um anschließend zum nächsten Auftrag zu wechseln. Durch dieses Vorgehen erhalten die Niederschriften eine zunehmende Tiefe und erstaunliche, unerwartete stilistische Perfektion.

---

* vgl. Kapitel 12

Betrachten wir nun einige Kärtchen. Diese konkreten Beispiele veranschaulichen das Konzept. Es liegt an Ihnen, zu entscheiden, in welchen Bereichen Sie sie nutzen möchten.

Gestaltungsbeispiele von Impulskarten:

Vorderseite   *Rückseite*

Achte auf die Satzanfänge! **Beginnen sie immer gleich, so mußt du versuchen, sie umzuformen.** **Lies genau die Rückseite ...**	*Ich spiele draußen **Ich** ging auf den Pausenplatz **Ich** sah meine Freundin* richtig: ***Ich** spielte draußen. **Später** ging ich auf den Pausenplatz und sah dort meine Freundin. **Wir** spielten zusammen Fußball.* Ideen: *danach, aber, plötzlich, zum Glück, natürlich, auf einmal, später usw.*

Vorderseite   *Rückseite*

Wiederholen sich Wörter immer wieder? **Dann ersetze sie durch ein anderes Wort!** **Lies genau die Rückseite ...**	***das Monster:*** *das Ungeheuer, das gefährliche Tier, das unheimliche Wesen usw.* ***gehen:*** *tragen, hüpfen, laufen, springen, rennen, eilen, bummeln, kriechen usw.*

Vorderseite   *Rückseite*

Sind alle Substantive groß geschrieben? **Lies genau nach und verbessere!** **Lies genau die Rückseite ...**	1. Viele Substantive bezeichnen Dinge, die du anfassen kannst. 2. Vor das Substantiv kannst du DER/DIE/DAS setzen.

Vorderseite   **Rückseite**

Fünf schwierige Wörter	A B C D E F G H I
Suche fünf schwierige Wörter heraus aus deinem Text, bei denen du nicht sicher bist, ob du sie richtig geschrieben hast.	J K L M N O P Q R
Schlage sie im Wörterbuch nach! Lies genau die Rückseite ...	S T U V W X Y Z

Dieses Vorgehen setzt neben den stilistischen und grammatikalischen Ergebnissen zusätzliche psychologisch bedeutsame Akzente. Die Arbeitsweise ist einerseits sehr klar und übersichtlich strukturiert, was den Lernenden die nötige Sicherheit gibt. Auf der anderen Seite ist darin eine große Wahlfreiheit enthalten bezüglich Arbeitstempo und Reihenfolge der Bearbeitung. Man hat die Wahl, welche Regel man in welcher Reihenfolge angehen will, und man entscheidet selbst, ob die Vorschrift im eigenen Text schon genügend angewendet wurde oder nicht. Ein großes Maß an Selbständigkeit wird dadurch gefördert. Da es sich um ein sehr respektvolles Vorgehen handelt, haben Sie damit zugleich ein Instrument zur Verfügung, das den Selbst-Respekt der Schülerinnen und Schüler aufrechterhält und fördert. Die Lernenden trainieren ihre Kritikfähigkeit während dieser Art der Bearbeitung von Texten. Das autonome Bewerten des eigenen Stils und der Satzgestaltung stärkt das positive Selbst-Bild, was sich wiederum in sämtlichen Bereichen des schulischen Lebens äußerst günstig auswirkt. * Ich kann Ihnen aus diesen Gründen dieses Arbeitsinstrument sehr empfehlen.

Ich erkläre Ihnen im folgenden die Schritte, die Sie anwenden können, wenn Sie selbst mit Ihrer Klasse so arbeiten möchten.

---

* vgl. auch Kapitel 10

Die Anwendungsschritte

1. Lassen Sie die Schüler Ideen für ihre Texte entwickeln. Verwenden Sie dafür am besten die Methode des MindMappings.[*] Selbstverständlich können Sie auch Ihre Ihnen vertrauten anderen Methoden anwenden.

2. Lassen Sie die Schülerinnen und Schüler die Rohfassungen der Texte erstellen.

3. Jetzt beginnt der in diesem Kapitel vorgeschlagene Prozeß: Geben Sie den Schülern den Auftrag, die Texte mit Hilfe der Karten zu korrigieren.

   a) Entweder lassen Sie die Schüler mit dem eigenen Text arbeiten,

   b) oder Sie lassen sie den Text eines anderen Schülers berichtigen,

   c) oder Sie geben den Schülern die Möglichkeit, zu zweit zu arbeiten:
   A korrigiert Text von B, B bearbeitet gleichzeitig Text von A; Wechsel; B gibt A Rückmeldungen, und umgekehrt.

4. Lassen Sie die Schülerinnen und Schüler ihre schriftlichen Arbeiten bereinigen: Dies ist in Einzelarbeit zu erledigen. Am Schluß liegt die Endfassung vor.

5. Nun geben Sie den Lernenden Gelegenheit, ihre Arbeiten den anderen vorzustellen: die Autoren vorlesen lassen, oder andere SchülerInnen lesen die Texte (nicht die Urheber).

6. Stellen Sie saubere – möglichst farbige – Kopien der Arbeiten für die ganze Klasse her. Es geht Ihnen ja darum, die Arbeiten mit positiven Gefühlen zu verbinden.

7. Abschließend leiten Sie je nach Bedarf ein Klassen- oder Einzelgespräch ein, bei dem auf stilistische Besonderheiten aufmerksam gemacht wird, um daraus für weitere Arbeiten zu lernen. Richten Sie dabei Ihre Aufmerksamkeit vor allem auf die gelungenen Formulierungen und beleuchten diese.

---

* vgl. Kapitel 12

17. Kennen Sie Ihren persönlichen Konflikttyp?

Sie haben Besuch von Nachbarn. Als Einstieg bieten Sie Ihren Gästen einen hervorragenden, auch besonders teuren Rotwein an, den Sie auf Ihrem noch neuen Sofa sitzend konsumieren. Da fällt Ihrer Nachbarin ein volles Glas so unglücklich um, daß sich der Rotwein auf das weiße Sofa ergießt. Was sagen Sie als erstes? Wie reagieren Sie? Notieren Sie hier Ihre Äußerung:

....

Sie unterrichten. Sie sehen, wie eine Schülerin mit dem roten, wasserresistenten Filzschreiber ein Herzchen und einen Namen auf das Pult zeichnet. Da sagen Sie:

....

Die Mutter einer Schülerin ruft Sie am Sonntagnachmittag an und beklagt sich über die vielen Hausaufgaben, die ihre Tochter machen müsse. Sie sagt: „Ich hab ihr jetzt verboten, diese Riesenmenge von Hausaufgaben zu machen, schließlich haben wir heute Sonntag, und wir wollen auch unseren sonntäglichen Frieden haben. Wir haben diese immer wiederkehrende Überflutung durch die Schule satt." Da sagen Sie:

....

Wie haben Sie reagiert? Betrachten Sie als Vergleich die folgenden vier Varianten von möglichen Antworten zum ersten Beispiel:

➤ „Ach nein! Du hättest schon ein bißchen besser aufpassen können!" Die Stimme wirkt vorwurfsvoll.

➤ „Oh, es ist nicht deine Schuld. Ich hätte diesen Wein nicht auf dem Sofa servieren sollen. Tut mir leid für dich." Die Stimme wirkt beschwichtigend und beruhigend, signalisiert: »es ist nur halb so schlimm«.

➤ Sie tun so, als wäre nichts Wichtiges geschehen, holen Salz und streuen es auf die roten Flecken. Während dieser Handlung reden Sie weiter.

95

> „Ich muß den Wein sofort mit Papier abtrocknen und anschließend Salz
> darüberstreuen. Dann muß ich schauen, was daraus geworden ist." Die
> Stimme wirkt sachlich, nüchtern, ohne Emotion.

Höchstwahrscheinlich werden Sie sich in einer der vier Reaktionsgrundmuster
wiederfinden. Wo können Sie die größte Ähnlichkeit zu Ihrem Verhalten feststellen? Vielleicht entdecken Sie, daß es Sie bei allen Beispielen magnetisch zu
einer Grundreaktion hinzieht.

Vier Konflikttypen

Virginia Satir* – sie war eine einflußreiche und führende Familientherapeutin –
unterscheidet vier Grundformen im Umgang mit Konfliktsituationen:
1.   das Beschwichtigen;
2.   das Anklagen;
3.   das Rationalisieren;
4.   das Ablenken.

Jede dieser vier Formen im Umgang mit schwierigen Situationen zielt darauf ab,
das Selbstwertgefühl aufrechtzuerhalten und sich somit zu schützen. Sie stellt
die im Augenblick beste verfügbare Möglichkeit dar. Betrachten wir die vier
Formen etwas genauer.

1. Das Beschwichtigen

Das Beschwichtigen kann man äußerlich erkennen an der versöhnlichen, zu-
stimmenden Körperhaltung, am Ja-Nicken, der weichen, ruhigen und sanften
Stimmführung. Inwendig fühlt sich jemand, der generell beschwichtigt,
schlecht und abhängig. Wer beschwichtigt, stimmt der anderen Person zu, nach
dem Motto: „Was immer du tust oder willst, ist in Ordnung. Meine Aufgabe besteht darin, dich glücklich zu machen und für dein Wohl da zu sein." Beschwichtigende Personen ziehen die Probleme in sich hinein und suchen

---

* vgl. Virginia, Satir: *Kommunikation, Selbstwert, Kongruenz.* Paderborn: Junfermann [5]1996.

schnell nach einer Lösung, die vor allem der anderen Person gerecht wird. Eigene Bedürfnisse werden rasch beiseite gestellt oder gar nicht mehr wahrgenommen. Es ist ein Ausweichen vor einer vertieften Konfliktlösung. Obwohl sich beschwichtigende Menschen vordergründig zu Verlierern machen, spielen sie hintergründig ein Machtspiel. Beschwichtiger sind Ja-Sager. Sie sind stark angewiesen auf die Anerkennung durch andere und wollen niemanden verletzen.

2. Das Anklagen

Wer das Anklagen zu seiner favorisierten Methode aufgebaut hat, sucht ständig nach Fehlern bei den anderen in seiner Umgebung. Es sind Personen, die davon ausgehen, Sie selbst seien im Recht, die anderen im Unrecht, nach dem Motto: „Es wäre alles gut, wenn es nur dich nicht gäbe." Mit dem ganzen Körper, der Mimik, Gestik, den funkelnden Augen sowie mit Worten wird getadelt und kritisiert. Die Stimme wirkt hart, laut und gepreßt. Innerlich fühlen sich anklagende Personen jedoch einsam, angespannt und unter Hochdruck.

3. Das Rationalisieren

Beim Rationalisieren ist der Grundtenor: „Laßt uns vernünftig sein." Die Körpersprache ist ruhig, beherrscht, berechnend und gesammelt. Alle überflüssigen Bewegungen fehlen, nur die notwendigen Mundbewegungen sind zu sehen. Diese Verhaltenheit drückt sich auch in der Mimik sowie den sparsamen Bewegungen der Arme und Hände aus. Rationalisierer sind sachlich, gerade, logisch, exakt. Sie hören auf die Argumente und argumentieren selbst, gehen Konflikten aus dem Weg, indem diese scheinbar rational angegangen werden. Inwendig fühlt sich ein rationalisierender Mensch jedoch verletzlich und angreifbar, vor allem durch direkt geäußerte Gefühle.

4. Das Ablenken

Worte von ablenkenden Personen scheinen keinen Sinn zu ergeben. Sie beziehen sich auf Inhalte, die nichts mit dem, was gerade besprochen wird, zu tun haben. Körperlich erkennt man die ablenkende Kommunikationsform an der Zappeligkeit derjenigen Person. Die Bewegungen der Arme, Beine und des Kopfes erscheinen zufällig und unkoordiniert, genauso wie die Worte. Ablenker manövrieren sich am Konflikt vorbei durch Unklarheit.

Wozu die Erkenntnis über die vier Konflikttypen dient

Sie können dieses Wissen auf zwei grundsätzliche Arten in Ihrem Unterricht nutzen:

➤ Erstens dient es Ihnen zur Selbst-Erkenntnis und der entsprechenden Selbst-Veränderung.

➤ Zweitens verhilft es Ihnen zu einer vertieften Einsicht in die Reaktionsweisen Ihrer Schülerinnen und Schüler. Dadurch haben Sie die Möglichkeit, richtig zu handeln.

1. Selbst-Erkenntnis und Selbst-Veränderung

Es ist erstrebenswert, im Umgang mit den Lernenden über verschiedene Reaktionsmuster zu verfügen. Wenn Sie erkennen können, zu welchem Konfliktlöseschema Sie neigen, hilft Ihnen dieses Wissen dabei, Ihren vertrauten Reaktionsrahmen zu erweitern. Dies ist wichtig, da jeder Konflikttypus Nachteile im Umgang mit den Lernenden mit sich bringt:

Bei beschwichtigenden Lehrenden wissen die Schülerinnen zu wenig, worum es sich bei der jeweiligen Sache handelt. Die Lehrerin ist ihnen zu vage, ungenau und schwammig.

Bei Lehrenden, die tendenziell anklagend sind, fühlen sich die Schüler eingeschüchtert, bedroht, manipuliert und im Selbstwertgefühl verletzt. Die Neigung zu Gegenaggression, Wut, Auflehnung oder Duckmäusertum erhöht sich.

Das Rationalisieren von Lehrern führt zu einer Verarmung der Gefühle im Unterrichtsraum, sofern sich die Lernenden dem Grundmuster anpassen. Auf jeden Fall können es die emotional gesteuerten Schülerinnen und Schüler schwer haben.

Ablenkende Lehrerinnen und Lehrer vernachlässigen klare Strukturen. Die Folge ist ein chaotisches Lernsetting mit chaotischen Beziehungen. Den Schülern bleibt es oft ein Geheimnis, woran gerade im größeren Rahmen gearbeitet wird, was oft zu Verwirrung führt.

Selbstverständlich bin ich mit Ihnen der Meinung, daß fast niemand diese hier sehr einseitig dargestellten Formen ständig praktiziert. Jedoch neigen die meisten Menschen dazu, eines der vier Grundmuster oft auszuleben. Lassen Sie sich überraschen, wie Sie auf schwierige Herausforderungen wirklich antworten. Vor allem dabei flüchten wir uns in eines dieser vertrauten Verhaltensmuster.

2. Einsicht in Reaktionsweisen der Schülerinnen und Schüler

Ihre Schülerinnen und Schüler unterliegen den gleichen Tendenzen wie Sie. Sie haben bei den einflußreichen Personen über Beobachtung gelernt. So begegnen Sie den vier Konflikttypen auch in Ihrem Klassenzimmer auf vielfältige Weise. Damit müssen Sie zurechtkommen. Es stellt sich somit die Frage: Was ist die beste Art, mit dem jeweiligen Grundtypus umzugehen? Wie kann ein Jongleur die unterschiedlichen Bälle so auffangen, daß daraus ein elegantes und wertvolles Spiel wird? Jeder Typus erfordert spezielle Antworten.

Bei beschwichtigenden Menschen führt die Frage weiter: „Worum geht es dir bei der Sache?", „Schau, wenn ich nicht weiß, was dich beschäftigt, kann ich nicht wissen, was ich für dich tun kann."

Anklagende Schülerinnen und Schüler kritisieren, beschuldigen, machen Sie verantwortlich für Dinge, die ihrer Ansicht nach nicht recht laufen. Jetzt liegt es in Ihren Händen, die Anklage in ein Ziel zu verwandeln, indem Sie etwa fragen: „Was wäre denn deiner Ansicht nach richtig?"

Die Rationalisierer spricht man am besten auf deren Ebene an: „Was würde denn jemand dazu sagen, der eine rein vernünftige Lösung finden würde?"

Ablenkende brauchen eine klare Struktur. Sie helfen ihnen dabei am besten, indem Sie etwa fragen: „Was ist der wichtigste Punkt, den wir gerade jetzt durcharbeiten?" „Laß uns doch jetzt zuerst bei diesem Punkt bleiben, um nachher auf die andern Dinge zu sprechen zu kommen."

Übung 1: Selbst-Erkenntnis und -Veränderung

1. Zuerst haben Sie die Gelegenheit, Ihre bevorzugte Konflikt- oder Streßreaktion neu zu entdecken. Lassen Sie eine herausfordernde Lehr-Situation erinnerungsmäßig vor Ihrem geistigen Auge und Ohr vorbeiziehen. Welchem Grundtypus läßt sich Ihr Verhalten, das Sie hören, sehen und fühlen, zuordnen? Wenden Sie sich einem anderen Aus-

schnitt aus Ihrem Unterricht in der gleichen Art zu. Versuchen Sie auch wieder, Ihr Verhalten, das Sie erinnern, einer Konfliktgrundform zuzuordnen. Können Sie eine Grundtendenz entdecken, wenn Sie so verschiedene Beispiele beobachten? Nachdem Sie so Neuentdeckungen über sich selbst gleichsam in der »Retorten-Situation« gemacht haben, wenden Sie sich der Beobachtung von Realsituationen zu: Beobachten Sie Ihre Verhaltensweisen in konkreten Unterrichts-Situationen.

2. Stellen Sie sich nun die Aufgabe, in den folgenden Tagen ganz bewußt, ohne etwas zu verändern, dieses Ihnen so vertraute Muster noch bewußter ablaufen zu lassen. Sie geben sich gleichsam die Erlaubnis, dabei zuzusehen und zuzuhören, ohne eingreifen zu müssen. Entdecken Sie dabei vor allem, welches die Auslöser sind, die Ihr Muster in Gang setzen. Erst, wenn Sie satt sind von dieser Beobachtung, und wenn Sie spüren, daß der Zeitpunkt für eine Veränderung gekommen ist, dann leiten Sie über zum nächsten Schritt.

3. Stoppen Sie jedes erste Mal am Tag, sobald Sie die alten Auslöser wahrnehmen, Ihre Gedanken: Richten Sie Ihre Aufmerksamkeit sofort ganz auf Ihr Gegenüber, indem Sie die andere Person bewußt sehen und bewußt auf deren Stimme hören. Anschließend lassen Sie dem Geschehen freien Lauf. Achten Sie dabei interessiert darauf, was sich dadurch bei Ihnen und der anderen Person verändert.

4. Nachdem Ihnen Schritt Nummer drei zur Gewohnheit geworden ist, ergänzen Sie diesen durch folgende Sequenz: Im Anschluß an die Unterbrechung Ihrer Gedanken und dem bewußten Wahrnehmen der anderen Person schalten Sie ganz auf Zuhören um. Hören Sie auf hintergründig durch die andere Person ausgedrückte Bedürfnisse. Finden Sie Worte, um diese zurückzuspiegeln. Erst wenn Sie verstanden haben, was Ihnen die andere Person auf ihre Art mitteilen wollte, nehmen Sie Stellung dazu.

Übung 2: Umgang mit Schülerinnen und Schülern

Geben Sie sich für die folgende Übung einen klaren Zeitrahmen, innerhalb dessen Sie die einzelnen Schritte durchlaufen möchten. Verpflichten Sie sich zur Durchführung dieses Planes. Gestalten Sie ihn deshalb Ihren Rahmenbedingungen entsprechend realistisch.

1. Entdecken Sie die Grundmuster Ihrer Schülerinnen und Schüler. Sie haben dabei zwei Möglichkeiten, zu diesen Erkenntnissen zu gelangen: Erstens können Sie sich alles Wissen, das Sie über die Lernenden in sich gespeichert haben, in Erinnerung rufen und dann die Konflikttypen herausfinden. Zweitens haben Sie einen direkten Zugang zu der Praxis während des Unterrichts.

2. Entscheiden Sie: Welche Personen Ihrer Klasse sind für Sie am herausforderndsten? Welchen Grundtypus verkörpern sie?

3. Befassen Sie sich an erster Stelle mit diesem für Sie schwierigsten Konflikttypus. Sie können dabei am meisten profitieren. Erinnern Sie sich nochmals an den besten Umgang mit den vier Mustern:

   Fragen Sie bei beschwichtigenden Schülern nach den hintergründigen Bedürfnissen, indem Sie etwa fragen: „Was ist dein wirkliches Anliegen?", „Ich möchte gerne noch mehr darüber wissen, wie du wirklich darüber denkst und was du dir auch für dich wünschst."

   Bei den Anklägerinnen und Anklägern forschen Sie nach dem Ziel, das dahinter steckt: „Was ist dein Ziel? Was möchtest du erreichen?"

   Die Rationalisierer sprechen Sie auf der logischen, argumentierenden Ebene an: „Wenn wir das vernünftig betrachten, was würdest du dazu sagen?"

   Geben Sie den Ablenkenden eine feste, klare Struktur, indem Sie immer wieder auf die Hauptlinie der laufenden Aktivität zurückkommen: „Woran arbeiten wir gerade? Komm, laß uns zuerst bei dem ... bleiben."

4. Holen Sie auch die anderen Lernenden entsprechend ihrem Konflikttypus systematisch ab.

18. Lassen Sie die richtigen Prophezeiungen für Sie arbeiten

Wie können Sie herausfinden, welche Erwartungen in Ihrem Unterrichtsfeld wirken? Es gibt dafür kein Meßverfahren. Trotzdem ist es möglich, Ihren Erwartungshaltungen innerhalb Ihrer Klasse auf die Spur zu kommen. Ich stelle Ihnen zu diesem Zweck einige Fragen, die Sie beantworten können. Sie finden damit einen direkten Zugang zu diesem Thema.

Fragen zum Thema

1. *Vergegenwärtigen Sie sich Ihre Klasse mit Hilfe der Namensliste. Welche Schülerinnen und Schüler werden Ihrer Meinung nach in der nächsten Zukunft erfolgreich sein? Tragen Sie die Namen am entsprechenden Ort in der Tabelle ein.*

Bedeutung der Skala: 5 = sehr erfolgreich; 4 = erfolgreich; 3 = durchschnittlich; 2 = unterdurchschnittlich; 1 = schwach.

Name	Name	Name	Name	Name
5	4	3	2	1

2. *Welche Schülerinnen und Schüler werden voraussichtlich wenig erfolgreich sein? Benutzen Sie die gleiche Tabelle, um die Namen einzutragen.*

103

3. *Welche Schülerinnen und Schüler sitzen nahe bei Ihnen? Umrahmen Sie diese Namen mit einer roten Farbe. Welche sitzen am weitesten weg von Ihnen? Umrahmen Sie diese Namen mit einer blauen Farbe.*

4. *Bezeichnen Sie jene drei Schülerinnen oder Schüler, die Ihnen am sympathischsten sind. Markieren Sie sie in der Tabelle mit einer roten Farbe.*

5. *Bezeichnen Sie jene drei Schülerinnen oder Schüler, die Ihnen am unsympathischsten sind. Markieren Sie auch diese in der Tabelle mit einer blauen Farbe.*

6. *Mit welchen Schülern haben Sie am meisten Blickkontakt? Markieren Sie sie mit einer roten Farbe. Mit welchen haben Sie am wenigsten Blickkontakt? Markieren Sie sie mit einer blauen Farbe.*

Auswertung: Bei der Betrachtung Ihrer Tabelle finden Sie nun Schülernamen, die rot umrandet, doppelt oder mehrfach rot umrandet sind. Wenn eine Person, die in Ihrer Tabelle in der Kolonne vier oder fünf zu finden ist, zusätzlich noch rote Ringe um den Namen trägt, dann ist sie mit einer ausgesprochen positiven Erwartung Ihrerseits belegt.

Umgekehrt finden Sie bei der Betrachtung Namen, die blau umrandet, doppelt oder mehrfach blau umrandet sind. Wenn eine Person, die in der Tabelle in Kolonne zwei oder eins eingetragen ist, zusätzlich noch blaue Ringe um den Namen trägt, dann ist sie mit negativen Erwartungen durch Sie belegt.

Sie mögen erstaunt sein über diese zugegebenermaßen einfachen und plakativen Aussagen. Tatsächlich liegen jedoch schon seit Jahrzehnten erstaunliche Ergebnisse zu den Wirkungen von Erwartungen vor. Prophezeiungen bewirken die Ergebnisse, die sie voraussagen. Der Glaube versetzt tatsächlich Berge. Betrachten wir einige Beispiele aus der riesigen Fülle von Untersuchungsbefunden[*]:

Eine große Population von **Ratten** mußte zeigen, wie gut sie den Weg durch ein Labyrinth finden. Alle Tiere waren dabei durchschnittlich gleich gut. Man halbierte die gesamte Population und wies die Hälften zwei Studentengruppen zu, die die Aufgabe hatten, zu beobachten, wie rasch die Tiere lernen, ans Ziel

---

[*] vgl. Schusser, G.: *Lehrererwartungen*. München: Goldmann 1972.

zu gelangen. Die Studenten mußten Zeit und Fehleranzahl messen. Nur einen Unterschied zwischen den Experimentatoren gab es: Den einen erklärte man überzeugend, sie hätten es mit einer besonders intelligenten Gruppe von Ratten zu tun. Den anderen Studenten sagte man, ihre Gruppe bestehe aus gewöhnlichen Nagetieren, die keine besonderen Qualitäten aufwiesen. Das Ergebnis war verblüffend: Jene Ratten, die von den Studenten beobachtet wurden, die glaubten, sie hätten es mit besonders intelligenten Tieren zu tun, steigerten deren Leistungen in viel größerem Maße als die andere Gruppe. Das Überraschende dabei war: Das Ergebnis trat ein, obwohl sich die Experimentatoren scheinbar objektiv und sichtbar gleich verhielten.

In der Medizin kennt man die Wirkung selbsterfüllender Prophezeiungen sehr gut unter dem Namen **Placebo-Effekt**. Patienten müssen bei solchen Untersuchungen jeweils Medikamente einnehmen, die nachgewiesenermaßen medizinisch wirkungslos sind. Wer diese Placebos einnimmt und glaubt, es seien richtige Medikamente, wird durch diese Behandlung tatsächlich meßbar gesünder. Die Nicht-Medikamente wirken so wie richtige Medikamente.

Es wurde herausgefunden, daß die **Benotung von Aufsätzen** ganz und gar nicht für alle Schülerinnen und Schüler gleich verläuft. Wenn Lehrer der Überzeugung sind, sie hätten es mit Aufsätzen von besonders intelligenten Schülern zu tun, benoten sie diese Arbeiten besser, als wenn sie denken, es seien Produkte von schwachen Schülern. Bei diesen Untersuchungen mußten jeweils die wörtlich genau gleichen Aufsätze benotet werden.

Und zuletzt sei noch das für den Unterricht wohl eindrücklichste Beispiel kurz vorgestellt, das die Wirkung von Erwartungen zeigt. Es handelt sich um die berühmte **Rosenthal-Jacobson-Untersuchung**. Das Ergebnis war sensationell. Alle Schülerinnen und Schüler von der 1.-6. Klasse einer mittelgroßen Stadt wurden im Hinblick auf ihre Intelligenz getestet. Anschließend prognostizierten Rosenthal und Jacobson den Lehrern, daß bestimmte Schüler in der nächsten Zeit besondere Leistungen erbringen würden. Diese mit Namen genannten Schüler waren jedoch zufällig ausgewählt worden, ohne irgendeinen Zusammenhang zu den Testergebnissen. Was geschah? Die mit Namen bestimmten Lernenden zeigten tatsächlich immer bessere Leistungen. Am meisten profitierten Schülerinnen und Schüler, die sonst diskriminiert wurden, von den günstigen Prognosen. Damit wurde nachgewiesen, daß sich Prophezeiungen über Schüler langfristig und anhaltend auswirken.

Was können Sie daraus lernen? Es scheint aufgrund einer Fülle von Befunden wichtig zu sein, daß Sie sich über Ihre Erwartungen und die dadurch ausgelösten Effekte bewußt sind. Es erscheint notwendig, negative Erwartungshaltungen gegenüber bestimmten Lernenden so gut wie möglich auszuschalten und die positiven Erwartungen weiterhin zu pflegen.

Was können Sie tun? Ich möchte Ihnen im folgenden einige Vorschläge unterbreiten, wie Sie am besten mit Ihren negativen Erwartungshaltungen umgehen können, um deren Effekte auszuschalten, und wie Sie die positiven Effekte fördern können.

Ungünstige Erwartungen erkennen und entkräften

1. Schüler herausfinden

Sie haben den ersten Schritt schon getan, indem Sie sich zu Beginn mit Ihrer Namensliste auseinandergesetzt haben. Dabei haben Sie jene Schülerinnen und Schüler herausgefunden, die vermutlich negativen Erwartungen ausgesetzt sind. Überprüfen Sie zur Sicherheit nochmals kritisch diese Ergebnisse.

2. Kleine, erreichbare Ziele setzen

Setzen Sie für diese Schülerinnen und Schüler realistische, kleine, erreichbare und meßbare Ziele.* Entwickeln Sie dazu eine sehr genaue Vorstellung. Machen Sie sich ein inneres, helles, angenehm beleuchtetes Bild von den negativ mit Erwartungen belegten Lernenden, und sehen Sie sie dabei in Situationen, bei denen sie ihre Ziele erreichen.

3. Negative Erwartungen stoppen

Wenn sich negative Erwartungsbilder Gehör verschaffen wollen, schalten Sie sie einfach ab. Lassen Sie sie nicht zu. Übernehmen Sie die Führung über Ihr Gehirn, indem Sie sie sich kurz bewußtmachen und in der Vorstellung einfach zur Seite legen. Sagen Sie sich beispielsweise: „Ach! Eine negative Erwartung, die aufsteigen will! Bitte schön, ich leg dich jetzt ganz ruhig auf die Seite. Später werde ich mich um dich kümmern." Später werden Sie sich die Zeit nehmen, diese unerwünschte Erwartungshaltung beim täglichen »Abfallkorbleeren«** zu würdigen und mitzuverarbeiten.

4. Blickkontakt nutzen

Nehmen Sie mit den erwartungsgefährdeten Schülern bewußt und oft Blickkontakt auf. Schauen Sie dabei freundlich und wohlwollend. Lächeln Sie mit den Augen. Hilfreich ist für Sie dabei die innere Idee: „Dieser Schüler ist dabei, an Ziel X zu arbeiten. Er hat dabei schon Schritt Y erreicht. Ich bin neugierig, wie er die folgenden Schritte löst."

---

* vgl. Kobler, H.P.: *Neues Lernen für das Land*. Paderborn: Junfermann ² 1998, S. 143 ff.

** vgl. Kapitel 26

106

5. Positive Eigenschaften finden

Entdecken Sie bei den „gefährdeten Schülerinnen und Schülern" möglichst viele positive Eigenschaften. Schreiben Sie sie auf, damit Sie wirklich noch mehr daran glauben können.

6. Positive Eigenschaften mitteilen

Äußern Sie diese positiven Eigenschaften diesen Schülerinnen und Schülern gegenüber.

7. Positive Selbstkommentare fördern

Lehren Sie diese Schüler, mit sich selbst innerlich wohlwollend zu sprechen. Stoppen Sie negative Selbstkommentare, die die Schüler äußern, wie zum Beispiel: „Ich bin ein absoluter Idiot, ich kann das nicht." Dann sagen Sie: „He, du kannst das, sag nicht so was. Du wirst noch merken, daß du das kannst." Fördern Sie positive Selbstkommentare, vor allem bei den mit negativen Erwartungen beladenen Schülern. Positive Selbstkommentare lösen hilfreiche, befreiende innere Mechanismen aus. Umgekehrt wirken selbsterniedrigende innere Bemerkungen lernbehindernd. [*]

8. Sitzordnung überprüfen

Überprüfen Sie die Sitzordnung. Verändern Sie sie so, daß vor allem die negativ belegten Schüler das Gefühl bekommen, Sie seien in der Nähe und leicht zu erreichen. Wechseln Sie die Plätze von Zeit zu Zeit, damit sich diese Gelegenheit auf alle Schüler verteilt.

---

[*] vgl. Kapitel 19

19. Lösen Sie unerwünschte Programmierungen auf

Wer an sich selbst glaubt, hat die besseren Voraussetzungen zu jedem Erfolg. Selbstüberzeugte Schüler sind bessere Schüler. Ihr Glaube an den Erfolg ist die Voraussetzung für das Gelingen, da er zu den erfolgsfördernden Handlungen führt. Ihre wertvollen Überzeugungen führen unwillkürlich zu Handlungen, die den Erfolg herbeilocken.

Umgekehrt führt das Fehlen der Erfolgsüberzeugung zu Mißerfolgen und Passivität. Kurz: zu Handlungen, die den Erfolg reduzieren oder verhindern. Ein fehlender starker Glaube an die eigene Kompetenz in bestimmten Bereichen ist nicht einfach gegeben, sondern das Resultat eines langfristigen Sozialisationsprozesses. Beeinflussende Faktoren sind: Anlage, Erziehung und Selbsterziehung.

Ein Mädchen hört beispielsweise immer wieder Sätze mit folgendem Inhalt: „Mädchen müssen nicht gut sein im Rechnen", „Wir in unserer Familie können das einfach nicht", „Schon dein Großvater war darin schwach." Diese Sätze stammen anfänglich noch von außen, von anderen wichtigen Personen. Durch das immer wiederkehrende Hören werden sie verinnerlicht und erreichen irgendwann eine Eigendynamik. Was vorher nur andere Personen äußerten, wird zum Bestandteil des Selbstgesprächs oder inneren Dialoges: „Ich kann das einfach nicht." Später werden solche Sätze auch laut geäußert. Durch ständiges Repetieren dieser jetzt schon sehr stabilen Auffassungen wird eine Überzeugung trainiert. Eine bewußte und unbewußte Programmierung findet statt.

Ich erinnere mich an Basil, einen Jungen, der ein tragisches Beispiel für diese Dynamik darstellt. Schon vor dem Schuleintritt hat er von seiner Mutter gehört, er sei ähnlich wie sein Vater. Beiläufig hat er schon damals vernommen, sein Vater habe es immer schon schwergehabt mit schriftlichen Arbeiten. Als er in die Schule kommt, zeigt sich bald: Basil tut sich schwer mit schriftlichen Arbeiten. Zwar hat die Lehrerin nichts auszusetzen, da ihr noch nichts Erwäh-

109

nenswertes aufgefallen ist. Sie wird jedoch aufmerksam, als sie durch Basils Mutter auf die Problematik hingewiesen wird. Ihr ist aufgefallen, daß ihr Sohn besondere Mühe in diesem Fach bekundet: Die Buchstaben sitzen nicht richtig, sind wackelig, ungenau und schwerfällig. Es zeige sich die gleiche Problematik wie bei seinem Vater, findet sie. Nun ist auch die Lehrerin besonders wachsam geworden. Basil vernimmt von den Gesprächen zwischen Lehrerin und Mutter und weiß intuitiv, was besprochen wurde, ohne darüber direkt informiert zu werden: Er ist schwach im schriftlichen Ausdruck. Die Überzeugung ergreift immer mehr von ihm Besitz, daß ihm schriftliche Arbeiten besonders schwerfallen. Den Beweis dafür erhält er jedesmal durch sein unbehagliches Gefühl, wenn lediglich schriftliche Arbeiten angekündigt werden. Die Leistungen sind entsprechenderweise korrekturbedürftig, ein weiteres Indiz für die mangelnden Fähigkeiten. So vertieft sich sein Selbstbild »Ich bin schlecht bei schriftlichen Arbeiten« zusehends. Seine Lehrerinnen und Lehrer können dies bestätigen, zeigt er doch wirklich nur durchschnittliche bis schwache Leistungen, obwohl sie ihn als intelligent einschätzen. Oft hört man Basil beim Beginn von neuen Arbeiten sagen: „Ach, das kann ich sowieso nicht gut. Mir fällt das einfach sehr schwer. Das kann ich nicht."

Auf diese Art dient jeder Mißerfolg als Bestätigung der Überzeugung, nicht erfolgreich zu sein. Die Handlungen werden so organisiert, daß tatsächlich Mißerfolge auftreten. Sie passen am besten ins Selbst-Bild.

Schritte des Mißerfolges

Schematisch betrachtet, lassen sich folgende Hauptelemente eines wirkungsvollen, sich erweiternden Mißerfolges erkennen:

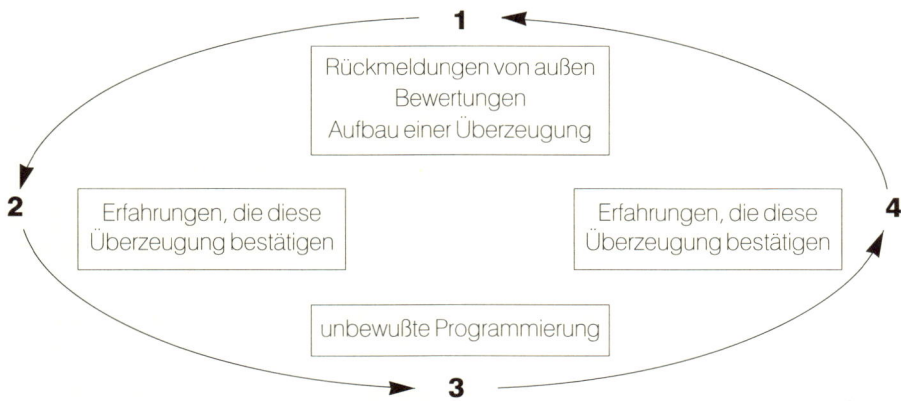

110

1. Jemand erfährt oft und regelmäßig bestimmte Rückmeldungen zur eigenen Person und bestimmten Verhaltensweisen aus der sozialen Umgebung. Die ersten wichtigen Informationen stammen in der Regel von Vater und Mutter. Erste Ansätze von festen Überzeugungen bilden sich heraus.
2. Negative Erfahrungen folgen entsprechend diesen Auffassungen und bestätigen indirekt die »Wahrheit« der Überzeugungen.
3. Eine zuerst bewußte, später unbewußte Programmierung findet statt, die in sämtliche Lebensbereiche hineinwirkt.
4. Die unbewußten Automatismen führen zu weiteren Erfahrungen, die diese Überzeugungen bestätigen.
5. Weitere, vertiefende Rückmeldungen von außen bestätigen die eigene, negative Auffassung. Ein perfekt funktionierender Teufelskreis ist installiert, der sich über Jahre oder ein ganzes Leben lang halten und ausbauen kann.

Um dies zu verhindern, können Sie als Lehrerin und Lehrer einen wichtigen Beitrag leisten.

Wege aus der Mißerfolgsprogrammierung

Wie helfen Sie nun Schülern aus solch destruktiven automatischen Mustern heraus? An welchem Punkt kann überhaupt – einmal rein theoretisch betrachtet – Veränderung ansetzen?

Es bieten sich grundsätzlich zwei praktikable Veränderungsansätze an:

➤ Erstens sollen die zerstörerischen Rückmeldungen gestoppt werden. Dabei sind zwei Ebenen zu beachten. Zum einen gibt es Feedback von wichtigen und unwichtigen Personen, und zum anderen reden wir mit uns selbst. Diese inneren Kommentare sind in der Regel bei solchen Teufelskreisen sehr stark und leisten einen wichtigen Beitrag zur Aufrechterhaltung des veränderungsbedürftigen Systems. Sie sollen vor allem verändert und durch hilfreiche Selbstkommentare und -gespräche ersetzt werden.

➤ Zweitens soll dafür gesorgt werden, daß neue, positive Erfahrungen entstehen können.

Fassen wir zusammen: Negative Sätze, Kommentare, Rückmeldungen werden ersetzt durch positive, konstruktive Äußerungen. Vor allem wird das innere Selbstgespräch verändert, da hier der stärkste Ansatz zur wirksamen Einflußnahme auf die Überzeugungen zu finden ist. Gleichzeitig sorgt man dafür, daß neue, als Erfolg bewertete Erfahrungen möglich werden, was die alten Überzeugungen zuerst fragwürdig erscheinen läßt und den alten Glauben nach und nach ins Wanken bringt. Ein neues System von Überzeugungen kann sich bilden. Eine Umprogrammierung setzt ein.

Wie können Sie nun als wichtige Bezugsperson in wichtigen Lebensphasen von Schülerinnen und Schülern dafür sorgen, daß sie Erfahrungen machen, die ihnen zu einem wünschenswerten Überzeugungssystem (oder Glaubenssystem) verhelfen?

Beleuchten Sie die positiven Aspekte

Achten Sie bei allen Rückmeldungen, die Sie Ihren Lernenden geben, aufmerksam darauf, Ihren Finger auf das Gelungene zu richten. Sie werden bei jedem Schüler irgend etwas finden, das sich im Vergleich zu einem früheren Zustand weiterentwickelt hat. Zum Beispiel könnten Sie dem Schüler bei der Rückgabe einer Arbeit etwa folgendes sagen: „Es ist dir schon viel leichter gefallen als früher. Weißt du noch, wie du vor einem Monat gearbeitet hast? Merkst du die Fortschritte auch schon selbst, die du machst?" Das Ziel besteht darin, das Unterbewußtsein mit hilfreichen Ideen zu konfrontieren. Sie sind als Lehrer eine der wichtigsten Personen, weshalb Sie am meisten Einfluß auf die Selbstwahrnehmung und Selbstinterpretation Ihrer Schülerinnen und Schüler haben. Nutzen Sie diesen Einfluß zum Wohle Ihrer Lernenden. Sie haben es in der Hand, die Schülerinnen neue Erfahrungen machen zu lassen, so daß diese sich zu sagen beginnen: „Der Lehrer meint, ich sei gut. Also bin ich nicht so blöd, wie ich geglaubt habe. Er glaubt, ich mache Fortschritte, also muß etwas dran sein. Wenn er glaubt, ich sei auf dem guten Weg, dann habe ich mich vielleicht früher geirrt. Zumindest stimmt die frühere Auffassung jetzt nicht mehr."

Betrachten wir ein anderes Beispiel, bei dem die Lehrerin die wünschenswerten Vorstellungen auf eine faszinierende, leichte Art in Ihre Aussagen einbaut. Sie verwendet ermutigende Worte, die auf unbewußter Ebene die Botschaft übermitteln: »Es wird schon gut. Du bist auf dem guten Weg!« Diese ermutigenden Worte werden nachfolgend *kursiv* hervorgehoben. Die Lehrerin sagt: „Ich sehe, wie schön das Wetter draußen ist. Es wird auch morgen und übermorgen schön bleiben. Auch in den folgenden Monaten können wir uns freuen auf die warme Sommerzeit." Der Schüler nickt „Ja". „Ich habe eure Arbeiten korrigiert. Im Rechnen habe ich festgestellt, daß du *alle* Aufgaben gelöst hast." Der Schüler nickt wieder und sagt „Ja". „Das Rechnen wird für dich zunehmend *leichter*. Du wirst noch überrascht sein, wie es für dich *immer leichter* wird, je mehr du in dieser Klasse rechnen wirst. Laß dich überraschen, wie dir das Rechnen sogar von Tag zu Tag immer mehr *Freude machen* wird, je *leichter* es dir fällt. Dann wirst du es sogar *gerne machen* und dich sogar freiwillig damit beschäftigen, *immer mehr* und mehr." Die Lehrerin redet ruhig und hebt die hier kursiv hervorgehobenen Worte mit spezieller Betonung hervor.

In dieser Art redet diese Lehrerin mit verschiedenen Schülerinnen und Schülern bei sich bietenden Gelegenheiten. Vor allem wendet sie sich mit dieser Methode an die »negativ programmierten Schüler«. Bei diesem Vorgehen ist es wichtig, sich so unaufdringlich und respektvoll wie nur möglich zu verhalten. Es ist wichtig, einen beiläufigen Tonfall zu finden. Voraussetzung ist ein sehr guter Kontakt zum Schüler, mit dem man gerade auf diese Weise spricht. Mit dieser Art zu reden schaffen Sie eine unwiderstehliche Motivation zur Veränderung.

Lehren Sie Ihre Schülerinnen und Schüler, liebevoll mit sich zu reden

1. Erkennen Sie destruktive Selbstgespräche.

Trainieren Sie Ihre Fähigkeit, destruktive innere Selbstgespräche bei Schülerinnen und Schülern zu erkennen und zu verändern. Dabei ist es wichtig, daß Sie den richtigen Zeitpunkt für Ihre Beobachtung wählen. Günstig sind Situationen, bei denen Ihr beobachteter Schüler mit einer Arbeit beschäftigt ist. Die besten Hinweise liefern Ihnen die Körpersprache und die Bewegung der Augen. Wer innerlich intensiv mit sich selber spricht, richtet seine Augen unwillkürlich nach unten links. Das heißt, wenn Sie ins Gesicht der beobachteten Person schauen, sind die Augen von Ihnen aus gesehen nach rechts unten gerichtet, wie die folgende Skizze zeigt[*]:

---

[*] Dieses Wissen stammt aus dem Neurolinguistischen Programmieren (NLP). Sie können eine geraffte Zusammenfassung darüber finden in: Kobler, H.P.: *Neues Lernen für das Land*. Paderborn: Junfermann ²1998.

Da Sie nicht wissen können, worüber die andere Person mit sich selbst innerlich redet, benötigen Sie weitere Informationen. Beobachten Sie deshalb den gesamten Körperausdruck. Wenn Sie sehen, daß der Körper des Schülers zu einem bestimmten Zeitpunkt während der Arbeit plötzlich angespannt und erregt aussieht, und Sie seine Augen gleichzeitig nach unten links wandern sehen, dann kann es sein, daß Sie ein zerstörerisches Selbstgespräch entdeckt haben. Fragen Sie sofort nach: „Was hast du gerade gedacht? Was hast du gerade zu dir selbst innerlich gesagt?" Es kann sein, daß Ihr Gegenüber überrascht ist und keine Antwort dafür findet. Sagen Sie dann: „Es hat so ausgesehen, als ob du dich selbst beschuldigt hast. Stimmt das?" Jetzt wird - so habe ich es als Regel erfahren - ihr Vis-à-Vis eine Antwort finden und „Ja" dazu sagen. Sie können dann wohlwollend und unaufdringlich nachfragen: „Was hast du dir denn tatsächlich gesagt?" In diesem Moment bekommen Sie von den verschiedenen Menschen sehr unterschiedliche Worte zu hören, die oft bestimmte Beschuldigungen und Anklagen in der Slangsprache zum Ausdruck bringen, wie zum Beispiel: „Ich Arschloch!", „Ich dummer Kerl!", „Das schaffst du nie!", „Es ist immer das Gleiche!" usw. Spannend, nicht wahr, wie man in solchen Situationen mit sich selbst umgehen kann! Es würde zu Konflikten führen, wenn man solche Äußerungen anderen Menschen gegenüber verwenden würde. Da ein solcher Umgang auch mit sich selbst nicht günstig ist, soll er verändert werden. Hier setzt der nächste Schritt an.

2. Helfen Sie den Schülern, Alternativen zu entwickeln.

Wenn Sie auf diese Art herausgefunden haben, »da findet tatsächlich ein innerer Dialog statt, der destruktiv ist«, dann helfen Sie dem Schüler Alternativen dafür zu entwickeln. Sagen Sie zum Beispiel: „Arschloch hast du zu dir gesagt? Aber das stimmt doch gar nicht! Du hast nur gerade Schwierigkeiten mit dieser Aufgabe gehabt." Oder bei einer anderen Schülerin betonen Sie: „Das schaffe ich nie, sagst du dir? Stimmt denn das? Erinnerst du dich daran, wie du gerade vor 10 Minuten eine ähnliche Aufgabe wie diese gelöst hast? Sage das nicht mehr: ‚Ich schaffe das nie!', versprichst du mir das?" Wenn die Schülerin erstaunt »Ja« nickt, ergänzen Sie: „Ich schlage vor, daß wir das im Auge behalten. Ich werde dich darauf aufmerksam machen, wenn es wieder geschieht. Bist du einverstanden?" Auf diese Weise beginnen Sie, die festsitzende automatische Programmierung ins Wanken zu bringen, nach und nach. Es wird sehr viele Durchgänge solcher wohlwollender Impulse von Ihnen benötigen, bis die Veränderung Wurzeln gebildet hat. Sie können sofort mit dieser heilsamen Beeinflussung beginnen!

Sorgen Sie für einen ermutigenden, hoffnungsvollen Kontext

1. Erwähnen Sie das Gelungene schwarz auf weiß.

Sie können Einfluß nehmen auf die unerwünschten Muster mit Ihren schriftlichen Rückmeldungen, die Sie den Schülern immer wieder zukommen lassen. Was heißt das? Obwohl es sehr weit zurückliegt, erinnere ich mich sehr genau, wie ich selber die Aufsätze meiner Schüler einer fünften Grundschulklasse auf eine damals neue Art bewertete: Ich hielt bei jedem Text intensiv nach den wünschenswerten Details Ausschau. Tatsächlich fiel es mir auch immer leichter, den Zugang dazu zu finden. Jede schriftliche Arbeit erhielt einen kurzen Kommentar. Dabei rückte ich die positiven Aspekte besonders ins Licht und verband die noch wünschenswerten Veränderungen mit hoffnungsvollen Hinweisen. Zum Beispiel schrieb ich: „Der Titel dieser Arbeit ist dir besonders gut gelungen. Auch der erste Abschnitt zeugt von deinem Ideenreichtum. Die Schreibweise einzelner Wörter wirst du auch noch lernen. Mach weiter so!" Oder: „Es ist dir wunderbar gelungen, die Stimmung am Lagerfeuer aufzuzeigen. Man fühlt sich so richtig dorthin versetzt. Besonders gut gefällt mir der dritte Satz. Es wird dir auch immer besser gelingen, diese Qualität bis zum Schluß durchzuhalten, wenn du so weiterarbeitest. Gut gemacht."

2. Äußern Sie, was Sie gut finden, oft und laut.

Neben den schriftlichen Feedbacks entfalten Ihre mündlichen Rückmeldungen zu den Schülerarbeiten eine mächtige Wirkung, die oft unterschätzt wird. Nutzen Sie dieses sensible Instrument möglichst täglich, entweder für einzelne Schüler oder die ganze Lerngruppe. Verfahren Sie dabei so, wie bei den schriftlichen Rückmeldungen: Suchen Sie das Gelungene! Bringen Sie Ihre Wahrnehmungen in eine wirkungsvolle gesprochene Fassung! Kommunizieren Sie diese Inhalte so respektvoll, daß die Empfänger der Botschaft diese annehmen.

115

20. Sprachstile, die Sie besser ersetzen

Als Lehrende können Sie die Verhaltensweisen von Schülerinnen und Schülern gar nicht nicht bewerten, auch dann nicht, wenn Sie das Ideal vertreten, nicht-wertend mit den Lernenden umzugehen. Sämtliche Schülerverhaltensweisen unterliegen einer ständigen bewußten und vor allem unbewußten kontrollierenden Aufmerksamkeit durch Sie und werden permanent in »wünschenswert«, »neutral« und »unerwünscht« eingeteilt. Auf diese Verhaltensweisen von Lernenden – gleichgültig, aus welcher Kategorie sie stammen – reagieren Sie als Lehrperson. Pädagogisch wichtig sind unter anderem auch Ihre Reaktionen auf die als unerwünscht erlebten Verhaltensweisen. Ihre Impulse können für die Lernenden entweder günstig oder ungünstig sein. Ganz wichtig sind dabei bestimmte Sprachstile, die Sie besser vermeiden, da sie eindeutig zerstörerische Auswirkungen nach sich ziehen. Betrachten wir im folgenden vier Arten solch unheilstiftender Formen des sprachlichen Umgangs, um daraus zu lernen. Es sind dies:

1. ungenaue Drohungen;
2. bedrückendes Schweigen;
3. ausweichende Reaktionen;
4. Generalisierungen.

1. Ungenaue Drohungen

„Wenn du nicht endlich kapierst, worauf es ankommt, wirst du noch dein blaues Wunder erleben!", „Du mußt nicht überrascht sein, wenn dir das Dach auf den Kopf fallen wird!", „Das Schicksal wird es dir noch zeigen, wenn du so weitermachst!"

Dies sind Beispiele ungenauer Drohungen. Schülerinnen und Schülern, die solche Äußerungen hören, wird weder ersichtlich, was auf sie zukommen wird, noch können sie in den Aussagen erkennen, welches Verhalten sie ändern sollen. Durch einen respektlosen, abwertenden und verurteilenden Tonfall vergrößert man die darin zum Ausdruck gebrachte Geringschätzung noch zusätzlich.

Ungenaue Drohungen haben Folgen: Erstens können sie bei den Schülerinnen und Schülern, die sie sich anhören müssen, zu negativen, selbsthypnotisch wirkenden Voraussagen werden, die die Wirkung selbsterfüllender Prophezeiungen* entfachen. Zweitens erzeugen sie Wut und gefährden dadurch die Lehrer-Schüler-Beziehung, was sich in sämtliche Lernbereiche hinein auswirkt. Und drittens sind sie wirkungslos bezüglich der erwünschten Veränderungen.

2. Bedrückendes Schweigen

Eine weitere Ausdrucksweise sollten Sie vermeiden: den Einsatz eines bedrückenden Schweigens. Ein Schüler hat beispielsweise eine an ihn gestellte Anforderung zum dritten Mal trotz bestem Willen wieder falsch gemacht. Die Lehrerin erkennt die »Fehlverhaltensweise«, ärgert sich und tut so, als sähe und hörte sie nichts. Mit grimmigem Gesicht signalisiert sie ihren Widerwillen und ignoriert mit diesem nonverbalen Ausdruck den Zustand des Schülers. Der Schüler wird auf diese Art mit seinen Gefühlen hängengelassen und bekommt keine konkrete Hilfestellung, wie er in Zukunft besser mit den ihn persönlich betreffenden Herausforderungen umgehen soll. Die Interpretation der nonverbalen Botschaften wird ihm überlassen. Er bekommt keine zusätzlichen, für ihn nützlichen und notwendigen verbalen Informationen.

Diese Art von Schweigen kann ebenfalls verheerende Folgen nach sich ziehen: Verunsicherung, Angst, Ablehnung und die Gefährdung der Beziehung. Sofern einer Schülerin oder einem Schüler das Lernen und der Unterricht trotzdem weiterhin als bedeutsam erscheint, kann es zu einer unerwünschten Abhängigkeit führen. Die Lehrperson verfügt über Informationen, die nur sie zur Verfügung stellen kann. Ohne griffige Fakten und Rückmeldungen ist man auf das Gedankenlesen angewiesen, das heißt auf seine eigene Phantasie mit deren Hilfe man sich zurechtlegt, was die Lehrperson mit Schweigen und nonverbalen Ausdrucksweisen gemeint haben könnte. Gedankenlesen führt mit hoher Wahrscheinlichkeit selten zu »realen« Informationen, die aus dem Dilemma

---

* vgl. Kapitel 18

herausführen. Wenn das Schweigen als unangenehm erlebt wird – davon ist auszugehen –, verknüpft sich im schlimmsten Falle der schulische Kontext mit negativen, unerwünschten Gefühlen wie Angst, Unlust, Aggression, Auflehnung, Resignation, Hilflosigkeit, Ohnmacht usw.

Ausweichende Reaktionen

Eine weitere Reaktionsweise, die Sie besser vermeiden und durch andere ersetzen, besteht darin, den Impulsen, Fragen, der Neugier der Lernenden auszuweichen. Schüler können sehr persönliche, herausfordernd wirkende Fragen stellen. Bei Pubertierenden kann es Ihnen sehr leicht widerfahren, daß Sie die Art der Fragestellung mit dem körpersprachlichen Verhalten zusammen leicht als frech bezeichnen könnten. Beispielsweise kann Sie eine Schülerin ernsthaft fragen: „Wozu muß ich dies überhaupt lernen. Mir leuchtet das Ganze nicht ein. Ich bin auch nicht bereit, etwas zu tun, einfach deshalb, weil Sie es vorschlagen, sondern ich hätte wirklich gern eine genaue Erklärung über den Sinn der Aufgabenstellung." Es hängt oft sehr von der Tonalität der Sprache, dem mimischen Verhalten sowie der Körperhaltung ab, wie unsere Interpretation solcher Äußerungen ausfällt. Schwer kann es uns als Lehrenden dann fallen, auf die Herausforderung einzusteigen, wenn unsere gefühlsmäßige Deutung zum Ergebnis »frech« kommt. Wie immer jedoch auch die Deutung sein mag, ist es wichtig, die Frage ernsthaft zu behandeln. Nicht darauf einzugehen und nicht zuzuhören – also auszuweichen – verstärkt das widerspenstige Verhalten und drückt auf das Selbstwertgefühl.

4. Generalisierungen

„Das ist wieder einmal typisch Meier ...", oder: „Du machst immer Blödsinn ..." sind Generalisierungen, die von einzelnen unerwünschten Verhaltensweisen auf die ganze Person schließen. Wir stülpen mit solchen Äußerungen Schülern ein Etikett über, das in dieser ausschließlichen Formulierung nie und bei keinem Menschen zutreffen kann. Generalisierungen sind falsch. Sie suggerieren generelle Regeln von universaler Bedeutung, obwohl wir eigentlich von konkreten Verhaltensweisen reden, die vielleicht einige Male vorgekommen sind. Wie die behandelten Sprachstile bewirken auch unzutreffende Generalisierungen unerwünschte psychologische Effekte wie Abwehrreaktionen, sich nicht ernstgenommen fühlen, Gefährdung der Beziehung, Wut, insgesamt einen negativen Einfluß auf das Selbstwertgefühl, vor allem dann, wenn dieses ohnehin schon geschwächt ist.

Fassen wir kurz zusammen. Es gibt – so haben wir gesehen – vier Lehrerreaktionsweisen, die wir besser vermeiden sollten: ungenaue Drohungen, bedrückendes Schweigen, ausweichende Reaktionen und Generalisieren. Dies sind gleichsam unsere Verbotszonen im Kommunikationsnetz. Welche Alternativen dazu gibt es, die uns helfen, uns konstruktiv zu verhalten?

Konstruktive Formen
1. Gehen Sie auf die Äußerungen Ihrer Lernenden ein. Hören Sie den Schülerinnen und Schülern gut zu *. Es gibt keine Äußerungen, die es nicht verdient hätten, gewürdigt zu werden. Reagieren Sie! Wenn Sie auf bestimmte Äußerungen im Moment nicht eingehen wollen oder können, sagen Sie es. Dadurch übermitteln Sie Klarheit.
2. Seien Sie bei kritischen Äußerungen Schülerinnen und Schülern gegenüber spezifisch und konkret. Stellen Sie dadurch niemanden bloß, und erhalten Sie das Selbstwertgefühl auf einem hohen Niveau. „Du machst immer Blödsinn" können Sie ersetzen durch Äußerungen, die genaue Hinweise über das unerwünschte und vielleicht sogar erwünschte Verhalten geben, wie zum Beispiel: „Mir fällt auf, daß dir schon zum dritten Mal innerhalb von drei Tagen dein Stuhl zu Boden fällt. Das stört mich. Ist es dir möglich dieses Verhalten zu stoppen?" Dabei ist es wichtig, den »richtigen Tonfall« und die richtige Körpersprache zu nutzen.
3. Manchmal ist es wichtig, daß Sie sich einer längeren Konfrontation mit dem Schüler im Gespräch stellen und dadurch in einen aktiven, offenen Konflikt geraten. Diesen können Sie bereinigen. Benennen Sie dabei die genauen Auslöser Ihrer Schwierigkeiten, die Sie mit dem Schüler haben, und beschreiben Sie sie so, daß Sie auch verstanden werden können. Zeigen Sie alle Fakten zum Konflikt auf, und stellen Sie sie konkret und anschaulich dar. Schildern Sie die konkreten Auswirkungen sowie die eigenen Gefühle. Jetzt können Sie gemeinsame Wege aus der Sackgasse suchen, indem Sie zusammen Ideen entwickeln und die sinnvollsten herausheben. Fassen Sie zum Abschluß einen gemeinsamen Plan, den Sie ausprobieren und wenn nötig später nochmals korrigieren.

* vgl. Kapitel 8

Übung Teil 1: Erfassen des eigenen Reaktionsmusters

1. Identifizieren Sie die Auslöser Ihres Unbehagens

Sammeln Sie Informationen über Ihr eigenes spontanes Verhalten im Umgang mit Schüler-verhaltensweisen. Sie werden die Auslöser für die Definition »unerwünschtes Verhalten« zu-erst an Ihrer inneren Reaktion wahrnehmen, wenn Sie erkennen: »Damit bin ich nicht einver-standen.« Hier werden bestimmte bewußte oder unbewußte Regeln übertreten.

2. Überprüfung: Ist Ihre unmittelbare Reaktion darauf konstruktiv?

Ist Ihre spontane Reaktion auf diese als unerwünscht def nierte Schülerverhaltensweise konstruktiv?

a) *Gehen Sie darauf ein*, indem Sie versuchen zu verstehen, was dahintersteckt? Hören Sie der Schülerin oder dem Schüler auf wertschätzende Art gut zu?

b) Beinhalten Ihre Reaktionsweisen Äußerungen, die *spezifisch und konkret benennen*, was Sie sehen, hören und fühlen? Kann die andere Person erfassen, daß es Ihnen dar-um geht, deren Achtung und Selbstachtung aufrechtzuerhalten, daß Sie es vermeiden, jemanden bloßstellen zu wollen?

c) Benennen Sie die *konkreten Folgen* und die dadurch ausgelösten Gefühle, die durch das unerwünschte Verhalten der Schülerin oder des Schülers eintreten? Laden Sie auf diese Weise die andere Person zu einem Konfliktgespräch ein, bei dem es Ihnen darum geht, eine für beide angemessene Lösung für die Zukunft zu finden?

Sofern Sie eine oder mehrere dieser Verhaltensweisen bei sich als spontane Reaktionswei-se feststellen, können Sie sich gratulieren. Sorgen Sie dafür, diese konstruktive Art des Um-gangs mit unerwünschtem Verhalten weiter zu kultivieren.

3. Überprüfung: Ist Ihre unmittelbare Reaktion darauf destruktiv?

Ist Ihre spontane Reaktion auf diese als unerwünscht definier e Schülerverhaltensweise de-struktiv?

a) *Verwenden Sie ungenaue Drohungen?* Verwenden Sie Aussagen, die drohenden Charakter haben, jedoch unklar lassen, was Sie damit wirklich meinen?

b) *Schweigen* Sie in einer für die Schülerin oder den Schüler *bedrückenden Art*, damit sig-nalisierend: »Ich gehe jetzt darauf nicht ein, bin aber mißgestimmt oder verärgert.«

c) *Weichen Sie* den Schülerimpulsen *aus*? Beantworten Sie Fragen nicht? Geben Sie aus-weichende, ungenaue Antworten?

d) Schließen Sie von einzelnen Verhaltensweisen von Schülerinnen und Schülern auf eine generelle Charakterstruktur? *Verwenden Sie generalisierende Äußerungen* wie zum Beispiel „du machst immer", „nie", „typisch"?

Sofern Sie eine oder mehrere dieser hier als »destruktiv« bezeichneten Verhaltensweisen bei sich entdeckt haben, können Sie sich ebenfalls fürs erste gratulieren. Es ist der Beginn einer möglichen Übungsserie, zu der ich Sie einladen möchte.

Übung Teil 2: Verändern von Reaktionsmustern

1. Analysieren Sie Ihre Reaktion auf das unerwünschte Verhalten

Nehmen Sie sich einige Tage Zeit, um Ihre spontane Reaktion auf unerwünschtes Verhalten von anderen Personen genau zu analysieren. Beobachten Sie sich dabei selbst. Halten Sie Ihre Erkenntnisse jeden Tag einmal schriftlich kurz fest, damit Sie sie nicht vergessen. Beschreiben Sie Ihr Verhalten so genau wie möglich. Dabei können Sie erkennen, welche Kategorie destruktiver Verhaltensweisen Sie am meisten praktizieren. Treffen Sie eine Abmachung mit sich selbst, von nun an eine Veränderung vorzunehmen.

2. Entscheiden Sie sich für Alternativen

Entscheiden Sie sich dafür, durch welche Alternativen Sie Ihre veränderungswürdige Reaktion ersetzen möchten: durch Erweiterung Ihrer Fähigkeit, gut zuzuhören, durch das Training spezifisch und konkret zu werden oder durch die Fähigkeit, sich direkt in einen Konfliktbereich zu begeben und diesen auszutragen? Selbstverständlich können Sie neben den hier vorgestellten drei Möglichkeiten in Ihrem eigenen Repertoire nach anderen Ressourcen forschen, die Sie zur Veränderung nutzen möchten.

3. Bereiten Sie sich mental auf die »neue Praxis« vor

Stellen Sie sich in der nächsten Zeit jeden Tag einmal vor, wie Ihre neue Reaktion sein wird. Phantasieren Sie bestimmte herausfordernde Situationen, die früher Anlaß waren, Ihr »destruktives« Repertoire auszulösen. Sehen Sie sich in der Vorstellung, wie Sie das neue Verhalten zeigen. Am besten gelingt es Ihnen, sich dabei gut zu fühlen, wenn Sie sich wie in einem Film als Hauptdarstellerin oder -darsteller sehen.

4. Setzen Sie die Vorstellungen in die Tat um

Erproben Sie Ihre Phantasie in der Wirklichkeit des Unterrichtsalltags. Lassen Sie sich überraschen, wie und in welchem Tempo sich die mental erprobten Abläufe zunehmend selbständig in den Alltag übertragen. Fassen Sie neben den unbewußten Veränderungen, die ohnehin geschehen werden, auch bewußte Vorsätze, die Sie in die Tat umsetzen wollen. Günstig ist es, sich anfänglich sehr kleine, realistische und sicher erreichbare Ziele zu setzen.

21. Wie Sie Kritik freundlich nutzen können

Die exponierte Lage, in der Sie sich als Lehrerin und Lehrer befinden, bringt Ihnen manchmal auch ungefragte Kritik von verschiedenen Seiten ein: den Eltern, den Kolleginnen und Kollegen und vor allem von Schülerinnen und Schülern. Kritik kann wertvoll und nützlich sein, da sie wichtige Informationen enthält, die sich verwerten lassen. Sie bekommen Feedback zu verschiedenen Aspekten des Unterrichtsgeschehens, wie etwa zur Wirkung der eigenen Person, des angebotenen Stoffes und der angewandten Methode. Oder Sie erhalten Informationen über die von Ihnen ausgelösten Gefühle, Vorlieben und Abneigungen.

Obwohl wir theoretisch schon finden, Kritik gehöre zum guten Unterricht dazu, fällt es einem in der Regel nicht gerade leicht, sie entgegenzunehmen. Dies hat verschiedene Gründe:

Dies kann an unserer inneren Organisation liegen. Die Strategie, die beim Eintreffen von Kritik durchlaufen wird, führt zu einem Unbehagen.

Oder wir geben der Kritik die Bedeutung von »Ich bin schlecht, ungenügend« usw. Wir unterstellen uns selbst die in die Kritik hineininterpretierten, negativen Eigenschaften und fühlen uns dadurch schlecht.

Weiterhin kann es sein, daß wir durch die Erfahrung von Kritik mit langjährigen »alten Erlebnissen im Zusammenhang mit Kritik« in Berührung kommen, die wir als unglückliche Erinnerungen gespeichert haben. Jede weitere Situation, in der wir kritisiert werden, mobilisiert die Gefühle aus diesen als negativ empfundenen Ereignissen.

Ein letzter wichtiger Grund, warum es uns schwerfallen kann, Kritik leicht entgegenzunehmen, ist der folgende: Uns ist nicht beigebracht worden, wie man sich vor destruktiver Kritik schützen kann, und wir haben auch selbst keine hilfreichen Wege dafür entwickelt. Die Kritik trifft uns deshalb in völlig

123

ungeschütztem Zustand. Gefühle überfluten uns dann so, daß wir das Ganze aus den Augen verlieren.

Wie können Sie mit Kritik gelassen umgehen, so daß Sie daraus nutzbringend lernen können? Und wie können Sie sich vor destruktiven Prozessen schützen? Die folgende Strategie hat sich in der Praxis bewährt:

Eine bewährte Strategie im Umgang mit Kritik:
1. Öffnen Sie sich der Kritik gegenüber.
2. Bringen Sie die Kritik auf die Sachebene.
3. Überlassen Sie die Arbeit der Doppelgängerin oder dem Doppelgänger.
4. Bewerten Sie alle Informationen.
5. Bearbeiten Sie die Situation in aller Ruhe nach.

1. Öffnen Sie sich der Kritik gegenüber, indem Sie der kritisierenden Person gut zuhören. Sie fühlen sich dabei selbst direkt betroffen. Zum Beispiel könnte eine Mutter zu Ihnen sagen: „Sie gehen nicht gut mit den Kindern in Ihrer Klasse um! Mit Ihrer Ausbildung sollten Sie doch wissen, daß ...!"

2. Bringen Sie die Kritik sofort auf die Sachebene, indem Sie die Anschuldigungen wörtlich wiederholen und dann nachfragen: „Wie meinen Sie das genau, wenn Sie sagen: ‚Ich gehe nicht gut mit den Kindern um'?" Während dieser inhaltlichen Klärung wenden Sie die folgende mentale Strategie an. Sie bildet das Herzstück des wirkungsvollen Umgangs mit verbalen Angriffen, Kritik und Anschuldigungen:

a)   Überlassen Sie die Arbeit der Doppelgängerin oder dem Doppelgänger. Damit ist gemeint, daß Sie sich eine vorgestellte zweite Person von sich selbst erschaffen, die dann anstelle von Ihnen die Kritik auffängt. Sie kreieren diese Doppelgängerfigur, indem Sie sich während des energiegeladenen Wortaustausches vorstellen, Sie selbst stünden rechts vorn vor Ihnen. Der Abstand, aus dem Sie sich dort vorn wahrnehmen, ist etwa ein Me-

124

ter. Es ist nicht wichtig, dort wirklich eine Person zu halluzinieren, sondern es genügt vollkommen, wenn Sie während des Gesprächs einen Anflug, eine Ahnung oder eine Gewißheit der Person dort vorn entwickeln.

b) Seien Sie sich während des Kritikempfangens bewußt, daß jene Person dort rechts vorn damit angesprochen wird. Sie stehen dabei gleichsam als Beobachter oder Beobachterin abseits.

c) Zeigen Sie mit Ihrer rechten Hand auf jene Person dort vorn, während Sie die Kritik wiederholen. Ihre Worte können dann etwa so klingen: „Also, Sie finden (die rechte Hand zeigt dabei auf die kritisierende Person), ich hätte (jetzt zeigt die rechte Hand auf die halluzinierte, vorgestellte,»irreale« Person rechts vorn) die Kinder nicht richtig behandelt, weil ...“ Das Wort »Ich« bedeutet für Sie, während Sie es aussprechen, „jene Person dort vorn rechts“, die jetzt einfach mit „Ich“ und der gleichzeitigen Handbewegung bezeichnet wird. Betrachten Sie die folgende Skizze:

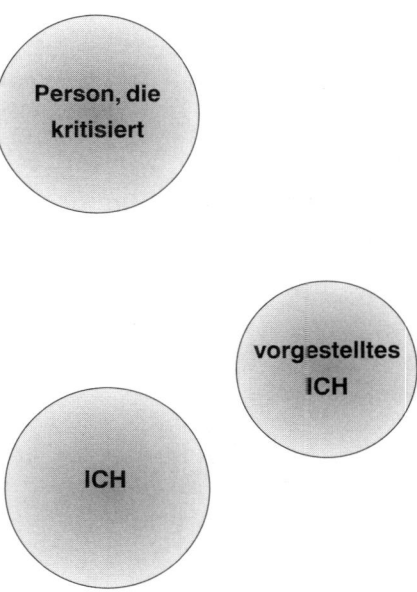

3. Hören Sie sich alle Rückmeldungen der kritisierenden Person an und wiederholen Sie, was Sie hören ständig, so daß Sie regelmäßig das »Ja« von der kritisierenden Person bekommen.

4. Nachdem Sie auf diese Art alles angehört haben, können Sie Ihre persönliche Bewertung der Informationen vornehmen. Bestimmten Teilen werden Sie zustimmen können, und andere werden Sie als für Sie unhaltbar zurückweisen. Sie werden dabei erkennen, welche subjektive Bedeutung diese Bereiche für die andere Person haben, was zu einem tieferen Verständnis führen kann. Sortieren Sie im Gespräch aus, was für Sie hilfreich ist und womit Sie nichts anfangen können. Schildern Sie Ihre Darstellung, tragen Sie Ihre Sichtweise und Ihre Informationen zur Klärung bei. Vielleicht lassen Sie die Kritik der anderen Person fürs erste einfach so stehen, um später nochmals darauf zurückzukommen.

5. Im Anschluß an diese Kritik-Situation (oder kritische Situation) möchte ich Ihnen empfehlen, in aller Ruhe ganz allein die Szene nochmals innerlich zu sortieren, um daraus das für Sie Richtige zu lernen. [*]

Übungsideen

Damit Sie die vorgeschlagene Strategie im Umgang mit Kritik erfolgreich einüben können, empfehle ich Ihnen, in kleinen Schritten vorzugehen.

Vorstellungsübungen
A: Stellen Sie »sich selbst« so vor, als ob Sie eine fremde Person beobachten würden. Machen Sie sich ein Bild von sich selbst. Überlegen Sie sich: Von wem könnte welche Kritik jener Person gegenüber vorgetragen werden (der vorgestellten Person gegenüber, die ein Doppelgängerbild von Ihnen ist). Sammeln Sie einige Ideen, die Ihnen in den Sinn kommen. Schreiben Sie sie auf.
B: Entscheiden Sie sich für jene kritische Äußerung, die jener Person gegenüber geäußert werden könnte, die Sie als am leichtesten zu handhaben bezeichnen würden. Stellen Sie sich vor, wie Sie dort kritisiert werden. Lassen Sie dabei Ihr Doppelgängerbild in der besten Verfassung sichtbar sein. Sie können sehen und hören, wie die erste kritische Äußerung von außen an jene Person herangetragen wird und wie sie gelassen und konstruktiv darauf reagiert (gemäß den Schritten, wie wir sie betrachtet haben). Verfahren Sie mit weiteren imaginären Situationen ebenso. Phantasieren Sie den konstruktiven Umgang mit Kritik durch. Sie selbst bleiben dabei immer in der Betrachterposition.

[*] vgl. Kapitel 26

Praktische Übungen in Realsituationen

C: Bitten Sie jemanden, den Sie sympathisch finden, Ihnen eine Rückmeldung zu einer Arbeit zu geben, die Sie gemacht haben. Sagen Sie etwa: „Darf ich dich um eine Rückmeldung dazu bitten? Kannst du mir sagen, wie diese Arbeit bei dir ankommt, ich hätte vor allem gern gehört, wo es kritische Punkte gibt. Gibt es etwas, das ich noch besser machen könnte?" Führen Sie sich anschließend, während Sie die Rückmeldung bekommen, durch den beschriebenen inneren und äußeren Prozeß hindurch: Hören Sie gut zu. Bringen Sie die Kritik auf die Sachebene. Stellen Sie sich vor, Sie stünden hinter sich links und sähen sich vorn rechts. Zeigen Sie mit der rechten Hand abwechselnd auf die Person, die Sie zur Kritik eingeladen haben und auf die imaginierte Doppelgängerperson usw.

D: Laden Sie Ihre Klasse dazu ein, Ihnen zu einer bestimmten Unterrichtssequenz zu sagen, was gut angekommen ist und ob es Dinge gegeben habe, die weniger geschätzt wurden. Führen Sie sich selbst wiederum innerlich durch die Ihnen nun bekannte Strategie: Hören Sie gut zu. Bringen Sie die Kritik auf die Sachebene. Stellen Sie sich vor, Sie schauten und hörten von außen zu, wie die Kritik die Person einen Meter vor Ihnen rechts betrifft. Reagieren Sie gleichsam stellvertretend für jene Person dort, indem Sie mit den Händen diesen Prozeß unterstreichen. Hören Sie sich auf diese Weise die komplette Mitteilung an, um dann auch Stellung dazu zu beziehen.

E: Wenden Sie die gelernte Strategie in Situationen an, die spontan auf Sie zukommen. Betrachten Sie sie wie ein Geschenk, das Ihnen die beste Lerngelegenheit bietet. Wichtig ist, daß Sie sofort erkennen, wann es angebracht ist, die imaginäre Person entstehen zu lassen, einen Meter rechts vor Ihnen.

Nachbearbeitung von Kritiksituationen

F: Bauen Sie bestimmte Zeiten in Ihre Tagesplanung ein, die der Nachbearbeitung von kritischen Situationen dient; also Situationen, die für Sie Kritik gebracht haben. Lassen Sie die jeweilige Szene in Ihrer Vorstellung nochmals in der optimalsten Version ablaufen. Stellen Sie sich die einzelnen Schritte so konkret wie möglich vor. Dadurch korrigieren Sie diejenigen Teile der abgelaufenen Strategie, mit denen Sie nicht oder nicht so ganz zufrieden sind. Auf diese Weise vertiefen Sie die Strategie mehr und mehr, und es wird eine Frage der Zeit sein, wann Sie sie automatisch anwenden werden.

22. Reden ist Gold und Schweigen ist Gold

Sie kennen das Sprichwort »Reden ist Silber und Schweigen ist Gold«. Psychologie, Kommunikationsforschung sowie unsere persönliche Erfahrung scheinen die darin zum Ausdruck gebrachte Bewertung auch zu bestätigen. Aber stimmt das wirklich? Betrachten wir folgendes Beispiel: Bei einem Seminar für Lehrende hat mir ein Lehrer von der Situation einer 6. Grundschulklasse berichtet, die das Thema »Reden und Schweigen« beleuchtet. Geschildert wird eine typische Unterrichtssituation.

Hermann, den wir stellvertretend für die Dynamik der ganzen Klasse betrachten können, verhält sich sehr schweigend, verhalten, in sich gekehrt. Bei Angeboten zu Klassendiskussionen sagt er kein einziges Wort. Irgendeine geheimnisvolle innerpsychische Kraft scheint ihn daran zu hindern, irgend etwas von sich preiszugeben. Es scheint so, als ob alle Gedanken auf der Schwelle zu einem Klassenbeitrag ausgelöscht oder zensiert würden. Obwohl Hermann einerseits mit seiner äußerlichen Ruhe den Unterricht nicht stört, was für seine Lehrerin sehr angenehm sein kann, gibt es doch auch die andere Seite. Das Schweigen erscheint hier als Sprachlosigkeit und Begrenzung. Hermann hat gelernt zu schweigen und sich sprachlich zurückzuhalten. Dies ist problematisch, auch dann, wenn man hört, daß er sich bei schriftlichen Arbeiten sehr wohl zu artikulieren vermag. Wie Hermann gibt es in dieser Klasse noch andere, denen die Beteiligung beim mündlichen Ausdruck innerhalb der Klassengemeinschaft schwerfällt. Besonders belastet erscheinen jene Schülerinnen und Schüler, denen es auch im schriftlichen Ausdruck nicht leichtfällt, sich Gehör zu verschaffen. Viele Lehrerinnen berichten mir von dieser »Sprachlosigkeit«, die heute neben der gefürchteten Hektik auf guten Nährboden zu fallen scheint.

Ein ähnliches Bild dieser »Sprachlosigkeit« zeigt sich in einer Gruppe von Erwachsenen, die ihre wöchentliche Planungssitzung durchführt. Darauf angesprochen, welche Themen heute ebenfalls noch zur Sprache gebracht werden sollten, melden sich wie gewohnt die gleichen drei Personen, während die anderen fünf verkrampft schweigen. Auch ein vertrautes Bild! Hinterher – die Sitzung ist schon längst abgeschlossen – tuscheln sie hinter vorgehaltener Hand darüber, was alles auch noch hätte besprochen werden sollen und zu kurz gekommen sei. Bedürfnisse, die unberücksichtigt geblieben sind! Wir haben es mit Sprachlosen zu tun, die sich wiederum zu Opfern ihrer eigenen Sprachlosigkeit machen.

Auf der anderen Seite kennen wir Kinder, Jugendliche und Erwachsene jeder Altersstufe, die sich am Austausch mit anderen innerhalb des strukturierten Lerngefüges freuen. Sie scheinen nicht nur hinsichtlich des Lerneffekts, sondern auch persönlich davon zu profitieren, greifen die Anstöße und Ideen der anderen neugierig auf und haben die Befähigung, die eigenen Gedanken innerhalb dieses gruppendynamischen Feldes eigenständig und lustvoll zu entfalten.

Warum ist die Befähigung zum Reden so wichtig? Was verlieren jene Menschen, die es nicht können? Und warum und unter welchen Bedingungen ist es wichtig, schweigen zu können? Wie ist das Wechselspiel zwischen den beiden Aktivitäten?

Warum die Fähigkeit des Redens wichtig ist

Lernende, die sich mündlich gut ausdrücken können, verschaffen sich einen wirkungsvollen Zugang zu den Möglichkeiten des Lebens. Wer gut reden kann,

➤   erhöht seine Fähigkeiten im Umgang mit anderen Menschen;

➤   kann seine eigenen Wünsche gut wahrnehmen und äußern;

➤   vergrößert die Vielfalt der Kontaktmöglichkeiten zu anderen;

➤   fördert seine Kommunikationsfähigkeiten allgemein;

➤   hat die Wahl zu sprachlichen Mitteln im Umgang mit Konfliktsituationen;

➤   wirkt verständlicher und durchsichtiger;

➤   kann die eigenen Ideen an der Reaktion der anderen überprüfen;

➤   kann sich besser durchsetzen;

➤   wird gehört und kann deshalb Ideen weitervermitteln;

➤   kann besser auf sich aufmerksam machen;

➤   hat mehr Gelegenheiten, Einfluß auf die Gemeinschaft zu nehmen;

➤   ist angenommener, interessanter, hat mehr Freunde, mehr Echo von außen;

130

➤ kann sich ein differenziertes Weltbild unter Berücksichtigung der Meinungen anderer aufbauen;

➤ verhindert dadurch Isolation.

Ergänzend muß gesagt werden, daß Reden immer auch im Zusammenhang mit der Fähigkeit des Schweigens zu betrachten ist. Wer nur reden kann, ohne zuzuhören, verscherzt sich die Kraft des Redens. Betrachten wir deshalb als Gegenpol die Kraft des Schweigens. Auch dieses birgt enorme Kräfte in sich, sofern sie richtig genutzt werden.

Warum die Fähigkeit des Schweigens wichtig ist

Lernende, die gut schweigen können, schaffen Bedingungen, um sich selbst und anderen auf die Spur zu kommen. Wer gut schweigen kann,

➤ erhöht dadurch die Voraussetzung für eine wirkungsvolle Selbst- und Fremdwahrnehmung;

➤ hat den ersten Schritt zum guten Zuhören geschaffen;

➤ kann eigene Ideen für einen Moment auf die Seite stellen und die Ideen anderer ins Zentrum rücken;

➤ hat Platz für das Training des Einfühlungsvermögens in andere;

➤ schenkt sich die Zeit, eigene Gedanken aus sich selbst wachsen zu lassen;

➤ verschafft der eigenen Phantasie und Kreativität Gehör;

➤ kann in sich gehen, sich sammeln und auf sich besinnen;

➤ hat beste Fähigkeiten, um abschalten zu können vom Alltagsstreß;

➤ gibt sich die Chance, wirklich zu lernen durch das Verinnerlichen des als wichtig betrachteten Materials.

Verschiedene Erscheinungsformen von Schweigen und Reden

Zwischen dem »Reden-können« bzw. »Nicht-reden-können« und dem Zugang zu Fähigkeiten gibt es verschiedene Kombinationsmöglichkeiten. Es zeigen sich die entsprechenden unterschiedlichen Schülerverhaltensweisen in der Unterrichtsrealität, wie die folgende Tabelle zeigt:

	Ja		Nein	
kann reden	○	▲	■	◆
Zugang zu Ideen vorhanden	○	■	▲	◆

1. Eine Schülerin hat im Prinzip die Fähigkeit, sich äußern zu können (○). Auch der Zugang zu Ideen scheint offenzuliegen (○). Dies zeigt sich darin, daß sie Stellung bezieht, wenn sie angesprochen wird. Trotzdem sagt sie freiwillig sehr wenig und verhält sich zurückhaltend.

2. Ein Schüler kann sich grundsätzlich äußern, ohne in Verlegenheit zu geraten, sofern er weiß, was er zu sagen hat (▲). Der Zugang zu Ideen ist jedoch oft verstopft (▲), was zum Schweigen in der Klasse führt.

3. Eine Schülerin fühlt sich grundsätzlich gebremst, wenn sie sich vor anderen äußern soll (■), obwohl sie mit ihrem Ideenreichtum in Kontakt ist (■).

4. Ein Schüler hat weder die Fähigkeit erworben, sich vor einer Gruppe zu äußern (◆), noch findet er leichten Zugang zu seinen Ideen (◆).

Wie Sie erkennen, bieten sich verschiedene Gründe, die zum Schweigen führen. Was immer auch die Ursachen sind, ist es wichtig, den Schülerinnen und Schülern einerseits das Reden beizubringen und sie andererseits in Kontakt zu bringen mit ihrem Ideenreichtum. Gleichzeitig soll dabei auch das Schweigen als Ergänzung und Notwendigkeit ebenfalls zum Lehrinhalt werden. Wortgewandtheit, Ausdruckskraft und Reflexionsfähigkeit sind das Resultat. Letztlich führt dies zu einer starken, kooperativen und durchsetzungsfähigen Persönlichkeit. Deshalb ist es wichtig, daß Sie den Schülern den Mut zum Reden und Schweigen im richtigen Moment beibringen.

Handlungsvorschläge: das Reden lehren

1. Äußerungen ermutigend aufgreifen

Sie haben ein sehr wirkungsvolles Instrument in den Händen, indem Sie jeden Beitrag, der von jemandem gebracht wird, äußerst wohlwollend aufgreifen. Wenden Sie jede Äußerung zum Positiven. Suchen Sie nach den möglichen Zusammenhängen zum Thema, das gerade bearbeitet wird. Unterstellen Sie bei jeder Mitteilung die beste Absicht, und reagieren Sie aus dieser hilfreichen Unterstellung heraus freundlich und ermutigend. Beginnen Sie beispielsweise bei der nächsten Gelegenheit, bei der Sie vor der Klasse stehen, damit, neugierig darauf zu achten, wer etwas sagt. Greifen Sie den Inhalt wohlwollend auf. Laden Sie Ihre Lernenden auch zu einem Austausch zum laufenden Thema ein, indem Sie eine offene Frage stellen: „Wie kommt ihr zurecht mit dem Thema?", oder: „Wie geht es euch dabei?" Schon haben Sie eine Gesprächsrunde eingeleitet und für sich die Gelegenheit geschaffen, die verbalen Reaktionen hilfreich aufzugreifen und den Schülern ermöglicht, das Reden zu trainieren. Behalten Sie vor allem jene Gruppenmitglieder im Auge, die sich vorerst nur zu wenigen Mitteilungen aufraffen können. Wenden Sie sich ihnen beim geringsten Impuls zu einer Äußerung ermutigend zu.

Gelegenheiten zur Anwendung dieses Prinzips bieten sich viele: bei Einzeläußerungen, Fragen und Antworten, Klassendiskussionen, Planungsarbeiten, Bewerten von Arbeiten, Bearbeiten von Textmaterial usw.

2. Redegelegenheiten planen

Leiten Sie Ihre Schülerinnen und Schüler dazu an, sich zu äußern. Planen Sie gesprächsaktive Phasen in Ihren Unterricht ein. Geben Sie Ihrer Klasse regelmäßig die Gelegenheit, bestimmte Themen in Kleingruppen zu diskutieren. Ich weiß von einer Lehrerin, wie sie dafür sorgt, daß alle Lernenden gleichermaßen gefordert sind: Sie verlangt von den Schülern der Kleingruppen, daß sie am Schluß für jede einzelne Person eine kurze Zusammenfassung der Meinung erstellen sollen. Ein Gruppenmitglied teilt diese Informationen der ganzen Klasse dann mit. Damit wirklich alle dazu ermutigt werden, sich auch vor der großen Gruppe zu äußern, wechseln die Gruppensprecher jedes Mal.

Der Inhalt solcher Vorschläge kann sich auf verschiedene Schwerpunkte richten. Ich möchte Ihnen empfehlen, sehr sorgfältig abzuwägen, welche Auswahl Sie treffen.

Sie können beispielsweise wählen zwischen:

➤ der Diskussion von Sachthemen, wie zum Beispiel: „Was wir alles über die Nahrung unserer Haustiere wissen";

➤ dem Austausch über gefühlsmäßige Reaktionen, wie zum Beispiel: „Wie gefällt mir dieser Videofilm, und warum?";

➤ der Entwicklung von Ideen für einen Klassenausflug;

➤ der Bewertung von gemeinsam erarbeiteten Vorschlägen;

➤ usw.

Geben Sie den Schülerinnen und Schülern auch Gelegenheiten, sich im kleinen Rahmen zu äußern, ohne darüber in der großen Gruppe Rechenschaft abzulegen. Dadurch wird das Reden immer mehr als befreiend und lustvoll erlebt und nicht als neue Form des Zwangs wahrgenommen.

Handlungsvorschlag: das Schweigen lehren[*]

1. Spiel: Ich hab gehört von dir ...: zu zweit

Wenn man mit jemandem redet, sind vor allem die Phasen des Umschaltens vom Reden zum Zuhören wichtig. Sonst findet kein Dialog, sondern ein Monolog statt. Tatsächlich ist es ein Umschalten vom Reden zum Schweigen. Eine sehr lustvolle – manchmal auch lustige – Übungsgelegenheit zum nutzbringenden Training der Schweigephasen bietet das Spiel „Ich hab gehört von dir ...".

Dabei spielen zwei Personen miteinander während einer vorher festgelegten Zeit. Wählen Sie eine kurze Zeit von wenigen Minuten. Die beiden Gesprächspartner – nennen wir Sie A und B – sitzen sich gegenüber, entweder auf Stühlen oder am Boden im Schneidersitz. Sie als Lehrperson schlagen ein bestimmtes Thema vor, über das die beiden jetzt miteinander reden sollen. Zum Beispiel könnten Sie sagen: „Äußert euch zum Thema: »Etwas, das mir gut gefällt«." A beginnt mit einer persönlichen Äußerung, wie etwa: „Mir gefällt unser wunderschöner Kirschbaum mit den Blüten." B wiederholt nun die Äußerung von A inhaltsgemäß, sagt zum Beispiel: „Dir gefällt euer Kirschbaum, weil er so schöne Blüten hat." B soll darauf achten, daß er das Ja-Nicken von A bekommt. Dann fährt B fort: „Und mir gefällt mein neues, silbriges Fahrrad". A greift jetzt diese Äußerung auf: „Dir gefällt dein silbriges, neues Fahrrad." Wenn A das »Ja« von B gehört oder gesehen hat, fährt er fort: „Mir gefällt die Rinde am Kirschbaum. Sie ist so fein wie Seidenpapier." „Dir gefällt die Rinde besonders gut, weil sie so fein wie Seidenpapier ist." Auf diese Weise setzen A und B den Dialog fort.

Schlagen Sie Ihrer Klasse dieses Spiel in regelmäßigen Abständen immer wieder vor, mit wechselnden Themen und Begründungen gemäß dem Alter Ihrer Lerngruppe. Aus persönlicher Erfahrung weiß ich, daß sich dieses »Spiel« für sämtliche Zielgruppen eignet. Es kommt nur darauf an, es kongruent zu vertreten.

Jeder Inhalt, den Sie gerade bearbeiten, kann als Anlaß für dieses »Spiel« gewählt werden. Als Anregungen seien genannt:

➤ Was mir Freude macht;
➤ Was denke ich über ...;
➤ Was sind gute Freunde;
➤ Meine Arbeitsgewohnheiten;
➤ Wichtige Menschen, von denen ich gelernt habe;
➤ Geschichten, die mir gefallen haben;
➤ Was ich noch lernen möchte;
➤ Meine liebsten Tätigkeiten;
➤ Wie ich mein Zimmer eingerichtet habe, und warum;
➤ Wie sehe ich mich in der Zukunft;
➤ usw.

---

[*] vgl. Kapitel 6

2. Spiel: Ich hab gehört von dir ...: Mit der ganzen Lerngruppe

Nachdem Sie erkennen können, daß die Schülerinnen und Schüler den inneren Mechanismus des »Umschaltens« vom Reden zum Schweigen automatisiert haben, können Sie das Spiel erweitern: Lassen Sie als Einstieg in Diskussionsrunden die ersten Minuten spielerisch ablaufen. In einer Oberstufenklasse beispielsweise beginnt A: „Ich habe mir diesen Text angeschaut. Er gefällt mir besonders gut, weil darin persönliche Erfahrungen ausgedrückt werden, die ich verstehen kann." B greift diese Äußerung auf, um dann seine eigene Meinung anzufügen: „Als du den Text gelesen hast, hast du gemerkt, daß darin Erfahrungen ausgedrückt sind, die du verstehen kannst. Sie sind persönlich, und das gefällt dir." B beobachtet A während des Redens und achtet darauf, das »Ja« wahrzunehmen. Dann fährt B mit dem Thema fort: „Mir ist es ähnlich gegangen wie dir. Mir hat der Text auch sehr gut gefallen. Er ist leicht verständlich."

3. Stummer Dialog

Hängen Sie ein großes leeres Blatt an eine Wand. Stellen Sie viele verschiedenfarbige Filzschreiber zur Verfügung. Laden Sie Ihre Klasse dazu ein, stehend alle Ideen, die den Schülern zu einem bestimmten Thema in den Sinn kommen, stichwortartig und schweigend aufzuschreiben. Die anderen reagieren darauf mit ihren Ideen, die ebenfalls festgehalten werden. Zwei Regeln sollen dabei beachtet werden. Erstens: Es artikuliert sich immer nur eine Person gleichzeitig. Zweitens: Der Austausch erfolgt nonverbal. Es können auch Symbole, kleine Zeichnungen und Piktogramme verwendet werden. Geben Sie dafür einige Minuten Zeit, bis Sie das Gefühl haben, daß diese Phase abgeschlossen ist.

Anschließend können Sie mit diesem reichhaltigen Material gemäß Ihren methodischen Kenntnissen verfahren, indem Sie die Klasse zu einem offenen Austausch einladen. Dies wäre für Sie wiederum eine Chance, Schüler beim Reden zu unterstützen. Oder Sie lassen die Lernenden in Untergruppen das Thema weiterverfolgen. Vielleicht finden Sie es wichtig, zu einer schriftlichen Arbeit überzuwechseln.

Nutzen Sie die Methode des »stummen Dialogs« bei unterschiedlichen Gelegenheiten immer wieder.

23. Fördern Sie die Selbstbeurteilung

Die Förderung der Selbständigkeit steht bei den Lehrplänen der verschiedenen Schulen an oberster Stelle. Sie soll auf gefühlsmäßiger, sozialer und kognitiver Ebene in jedem Lehrbereich zum Tragen kommen. Deshalb ist es erstrebenswert, im Unterricht Methoden einzusetzen, die auch tatsächlich auf dieses Ziel hinzuführen vermögen, so daß Selbständigkeit nicht nur als zufälliges Nebenprodukt den einen Schülerinnen zufällt, und den anderen nicht.

Ein wirksames Instrument zur Förderung dieser als wichtig betrachteten Eigenschaften ist der Prozeß der Selbstbewertung. Was heißt das? Mit Selbstbewertung ist ein innerer Bewertungsprozeß gemeint, der ermöglicht, herauszufinden, wann ein Ziel erreicht worden ist. Damit bestimmt man auch das Qualitätsniveau des überprüften Ergebnisses.

Beispiele

1. Ein eindrückliches Beispiel eines Selbstbewertungsprozesses habe ich kürzlich in einer Klasse beobachtet: Marlene war intensiv mit einer Skizze in ihrem Biologieheft beschäftigt. Die Lehrerin bewegte sich von Pult zu Pult, erreichte den Arbeitsplatz der Schülerin und sagte: „Das sieht sehr schön aus. Ich glaube, du hast die Arbeit beendet." Ohne innezuhalten erwiderte das Mädchen: „Ich muß noch drei Grundfarben in die Darstellung eintragen, damit die Kontraste richtig zum Ausdruck kommen." Sie mußte die drei Farben noch verwenden, da sonst das Produkt nicht der inneren Norm entsprach, wofür sie klare Kriterien zu haben schien. Die Kontraste mußten »richtig« zum Ausdruck kommen. Und sie wußte, was »richtig« bedeutet.

137

2. Ich beobachtete einen anderen Schüler, der den abstrakten Begriff der Selbstbewertung veranschaulicht. Die ganze Klasse arbeitete an bestimmten Themen aus einer Auswahl. Hubert hatte »Reden ist Silber und Schweigen ist Gold« gewählt, weil er sich davon am meisten angesprochen fühlte. Er saß aufgerichtet an seinem Pult, und sein Blick wanderte vom Blatt weg nach vorn und wieder zurück. Gleichzeitig folgte jeweils ein neuer Impuls zum Schreiben. Vorsichtig näherte ich mich ihm und fragte: „Ich sehe, du bist noch intensiv am Arbeiten." „Ja, das stimmt", erwiderte er. „Wissen Sie, ich muß den Anfang noch mit einem schönen Schluß verbinden. Die beiden Teile müssen zusammenpassen. Dann ist die Arbeit fertig." „Wie weißt du denn, wenn der Anfang mit dem Schluß zusammenpaßt?" fragte ich. Hubert wußte zuerst keine Antwort, zögerte einen Moment, um dann seinen eigenen, bisher unbewußten Grundprinzipien auf die Spur zu kommen. „Es ist klar: Der Schluß muß die Fragen, die ich im ersten Teil gestellt habe, nochmals aufgreifen und eine zusammenfassende Antwort darauf geben. Erst dann habe ich die Arbeit richtig abgeschlossen", sagte er.

Die Selbstbewertung erfordert ein Wissen über das Resultat, das angestrebt wird. Es müssen klare Ziele dahinterstehen, die eine Unterteilung in »erreicht« oder »nicht erreicht« erlauben. Ziele sind um so griffiger, je mehr sie den folgenden Kriterien gerecht werden[*]:
1. Sie sind anschaulich, begreifbar und klar.
2. Man muß wissen können, was man tun kann, um sie zu erreichen.
3. Sie beziehen auch die Verhaltensebene mit ein.
4. Es soll definierte Hinweise dafür geben, wann man die aufs Ziel hinführenden Aktivitäten beenden kann.
5. Die Unterteilung in lang-, mittel- und kurzfristige Wegstrecken erlaubt auch eine selbständige differenzierte Bewertung zu jedem Zeitpunkt – auch bei größeren Aufgabestellungen oder Projekten.
6. Wichtig bei einem zielstrebigen Vorgehen sind neben dem Streben nach den Vorteilen auch die Beurteilungen der Nachteile, die sich einstellen werden oder könnten.

---

[*] vgl. Kapitel 2

Jeder Mensch hat die Möglichkeit, sämtliche Zielsetzungen in allen möglichen Bereichen durch Selbstbewertungsprozesse zu kontrollieren und dadurch eine große Autonomie zu erwerben, wie zum Beispiel bei Wissenserwerb, Gefühlsvorgängen, Zielen im Zusammenhang mit Beziehungen, Körpervorgängen usw.

Wenn Ihnen die Selbständigkeitsförderung Ihrer Schülerinnen und Schüler wichtig ist, dann tun Sie gut daran, ihnen zu zeigen, wie sie sich selber wirkungsvoll und konstruktiv bewerten können. Dies ist eine Fähigkeit, die gelernt sein will. Hier stellt sich Ihnen eine spannende pädagogische Aufgabe.

■ Auch die Außenbewertung ist wichtig

Selber zu wissen, wann eine Aktivität gelungen ist, und somit das angestrebte Ziel erreicht ist, ist das Resultat eines längeren Lernprozesses. Dabei spielt vor allem auch die Fremdbewertung eine wichtige Rolle. Das heißt: Ihre Forderungen, die Sie stellen und Ihre daran anschließenden Rückmeldungen helfen den Schülerinnen und Schülern, einen immer differenzierteren, eigenständigen inneren Bewertungsmaßstab zu entwickeln. Das Lernen der Selbstbewertungsfähigkeit läuft also über den Weg der Fremdbewertung. Dies gilt ganz bestimmt für große Teile des schulischen Lernens sowie das Einüben der kulturellen Techniken. Auf der Basis dieser vielen »kleinen internalisierten Normen« bauen sich dann zunehmend ganz eigenständige kreative Muster auf. Unsere Annahme, von der wir gerade ausgehen, bedeutet also: Sie als LehrerIn sind ein wichtiger Bestandteil bei der Bildung der inneren Bewertungskriterien ihrer Lernenden. Geben Sie ihnen sinnvolle Bewertungsmaßstäbe mit Hilfe Ihrer Rückmeldungen zu den verschiedenen Aufgabestellungen auf den verschiedenen Ebenen.

Was müssen Sie beachten, damit Ihr Feedback (=Rückkoppelung) die beste Wirkung hat? Was müssen Sie berücksichtigen, damit es von den Empfängerinnen und Empfängern als gut betrachtet wird und die besten Gefühle auslöst?

Was Sie beachten sollen, wenn Sie Rückmeldungen geben

1. An erster Stelle ist es wichtig, daß Sie eine gute Verbindung zu den Empfängern haben, oder anders gesagt: einen optimalen Rapport*.
2. Es soll der Wunsch nach einer Rückmeldung bei der anderen Person vorhanden sein. Dieser Grundsatz wird oft aus Unwissenheit übergangen. Beachten Sie dabei vor allem die körpersprachlichen Signale.
3. Geben Sie die Rückmeldung so informationsreich und konkret, so daß Ihre Empfängerperson damit Hinweise über ihr gegenwärtiges Handeln bekommt und daraus zukünftige Veränderungen ableiten kann.
4. Sorgen Sie dafür, daß Klarheit darüber besteht, wofür Sie das Feedback geben.
5. Ihr Feedback soll konstruktiv** sein, das heißt: Heben Sie vor allem die positiven, gelungenen Aspekte hervor. Erwähnen Sie die veränderungswürdigen Bereiche mit einer wohlwollenden Gesinnung.

Fassen wir kurz zusammen: Wir gehen davon aus, daß Selbständigkeit wichtig ist und dabei der Prozeß der Selbstbewertung eine zentrale Stellung einnimmt. Deshalb ist es wichtig, die Schülerinnen und Schüler zu lehren, wie man sich am besten selbst bewerten kann. Selbstbewertung ist an die klaren Zielvorstellungen gebunden. Weiter spielt auch die Fremdbewertung eine wichtige Rolle, da dadurch die Schülerinnen und Schüler Bewertungskriterien entwickeln können, die durch die Eigenverarbeitung mit der Zeit eine Wandlung erfahren. Deshalb ist es wichtig, als Lehrperson zu wissen, wie man seine Rückmeldungen am besten an die Schüler heranträgt.

> ## Konkrete Schritte zur Praxis: die Kraft des Selbstbewertungsprozesses nutzen
>
> **1. Schaffen Sie Klarheit hinsichtlich Ihrer eigenen Zielsetzungen.**
> Sie sind ein Vorbild. Die Lernenden beobachten und kopieren Sie. Vorausgesetzt ist dabei, daß Sie wirklich als bedeutsame Person erlebt werden. Wenn Ihr Ziel unter anderem darin

---

* Wenn Sie mehr über den Aufbau eines optimalen unbewußten Kontaktes wissen möchten, schauen Sie in: Kobler, H.P.: *Neues Lernen für das Land.* Paderborn: Junfermann ²1998, Kapitel 4.
** vgl. Kapitel 19

140

besteht, den Schülerinnen und Schülern Zielklarheit beizubringen, dann leben Sie es vor. Kommunizieren Sie ganz einfach Ihre Vorstellungen über die Resultate auf verständliche Weise. Liefern Sie den Lernenden Ihre Bewertungskriterien, die für Sie bedeuten: »Das Ziel ist erreicht.« Zeigen Sie auch, wie Sie immer wieder den Prozeß der Selbstbewertung nutzen. Gelegenheiten zu den beiden Aktivitäten »Ziele im Auge behalten« und »Selbstbewertung« gibt es viele. Formulieren Sie Ihre Ziele beim Beginn von Informationssequenzen, Arbeitseinheiten, Einführungen in neue Themen usw. Ziehen Sie immer wieder Zwischenbilanzen. Fassen Sie am Schluß zusammen, was Sie getan haben, und äußern Sie sich dazu positiv, wie zum Beispiel: „Meine Absicht war es ... Diese Ziele haben wir schon errreicht." Geben Sie jeweils am Schluß Ihrer positiv würdigenden Betrachtung auch einen Ausblick auf die zukünftige Arbeit und speziell die nächsten konkreten Schritte.

2. Lehren Sie die Schüler die Kunst der Zielformulierung.

Ich möchte Ihnen vorschlagen, diesen Inhalt wie ein Hauptfach zu behandeln: die Kunst der Zielformulierung. Nutzen Sie dabei Ihr ganzes methodisches und didaktisches Können. Lehren Sie die Hauptkriterien einer wirksamen Zielbestimmung, nämlich: Klarheit zu schaffen; konkrete Vorstellungen darüber zu entwickeln, so anschaulich wie möglich; daß die Ideen auch innerhalb der zur Verfügung stehenden Zeit realisierbar sind; daß eine Vision über die Fernziele besteht und auch die kleinen Schritte, die darauf zuführen, greifbar sind; alle zur Verfügung stehenden Mittel zu überprüfen; die Klärung der Bereitschaft, die Schritte zu tun und dabei die Frage zu beantworten: Warum lohnt sich das Ziel, und welche Nachteile bringt es, wenn ich es so will, wie es mir vorschwebt?

3. Lassen Sie die Schüler Ihre Ziele auch öffentlich benennen.

Eine Veröffentlichung der eigenen Ziele innerhalb der Klasse ermöglicht hilfreiche kritische Rückfragen. Ermutigen Sie die anderen, offene Fragen zu stellen, die dann im Grundmuster so klingen: Wie weißt du, wenn du das Ziel erreicht hast? Was tust du konkret, wenn du den ersten Schritt beendet hast?

4. Lehren Sie die Schüler den Prozeß der Selbstbewertung.

Auch dabei lautet die Hauptfrage: „Wie weißt du, wenn du dein Ziel erreicht hast? Wann ist für dich die Arbeit beendet? Wann ist deine Leistung genügend, gut, sehr gut, ungenügend?" Stellen Sie solche Fragen systematisch zu den einzelnen Arbeitsvorgängen. Auf diese Art übernehmen die Lernenden Ihre Vorgehensweise unwillkürlich. Vielleicht formulieren Sie diesen Auftrag jeweils auch schriftlich, so daß dieser zentrale Arbeitsschritt auch wirklich nicht übersehen werden kann.

5. Geben Sie Raum für Selbstbewertungen.

Der Prozeß der Selbstbewertung ist ein integrierter wichtiger Bestandteil jeder zielorientierten Handlung. Deshalb brauchen die Schülerinnen und Schüler auch Zeit dafür. Geben Sie ihnen diese Zeit. Offiziell Zeit dafür zur Verfügung zu stellen, wertet diesen Vorgang der Selbstbewertung auf. Lassen Sie die Schüler den Vorgang der Selbstbewertung regelmäßig durchlaufen, damit er sich als lerntechnischer Schritt automatisiert und mit der Zeit in sämtlichen Lebensbereichen generalisiert werden kann.

6. Bestimmen Sie Ziele zusammen mit der Klasse.

Laden Sie die Schüler als Klasse regelmäßig zum Bestimmen von gemeinsamen Zielen ein.

7. Achten Sie darauf, daß die Schüler auch bei Gruppenarbeiten zielorientiert beginnen.

Lassen Sie sie ihre Ziele gemäß den genannten Kriterien formulieren. Wenn Sie es für sinnvoll erachten, dann ergänzen Sie die Arbeiten. Lassen Sie die Gruppenmitglieder Ihre Kriterien nennen, anhand derer sie erkennen werden, wann sie das Ziel erreicht haben. Bitten Sie sie zum Schluß, eine gemeinsame Bewertung vorzunehmen. Dabei ist es hilfreich, auch den gesamten Prozeß mit zu berücksichtigen: einzelne Arbeitsschritte, Arbeitshaltung, Gefühle bei der Arbeit, Gruppendynamik usw.

8. Seien Sie respektvoll mit Ihren Rückmeldungen.

Trainieren Sie sich darin, Ihre Rückmeldungen an die Lernenden prozeßorientiert zu geben. Was heißt das? Stellen Sie sich die Aufgabe, zu erkennen, ob ein Wunsch nach Rückmeldungen vorhanden ist, oder nicht. Feedback, das zum falschen Zeitpunkt in die falsche Stimmungslage hineingegeben wird, bringt nichts oder schadet sogar. Nutzen Sie deshalb Ihre Fähigkeit der professionellen Kommunikation. Gut kommunizieren Sie dann, wenn Sie beispielsweise fragen: „Darf ich dir etwas sagen? Bist du bereit es zu hören." Oder: „Ich möchte dir sagen, wie ich deine Arbeit gefunden habe. Möchtest du es hören?" Das Fragezeichen, das Sie am Schluß des Satzes sehen, ist nicht zufällig. Es ist damit wirklich eine Frage gemeint, die sich in Ihrem gesamten sprachlichen und auch nonverbalen Verhalten ausdrücken soll. Beachten Sie bei diesem Vorgang die Antwort Ihres Gegenübers: Können Sie in der Körpersprache Hinweise auf ein »Ja« oder »Nein« sehen? Nein-Signale sind beispielsweise erkennbar an einem unwillkürlichen Abwenden des Kopfes oder dem Eintreten einer verstärkten Asymmetrie des Körperschemas. Ja-Signale erkennen Sie an einer unwillkürlichen Auf-und-ab-Bewegung des Kopfes und manchmal einem leichten Öffnen oder Vergrößern der Lippen. Sie haben es selbst in der Hand für jede Schülerin und jeden Schüler herauszufinden, wie sich ein »Ja« und »Nein« zeigt. Lernen Sie die Körpersprachen zu lesen und richtig zu deuten. Im Zweifelsfall können Sie nachfragen: „Mir erscheint es gerade, als seist du nicht ganz einverstanden. Stimmt das?" Sie brauchen ein »Ja«, wenn Sie Feedback geben wollen. Es ist die Minimalvoraussetzung. Sonst prallt Ihre wohlgemeinte Rückmeldung ab, ist somit wirkungslos oder weckt sogar Abwehr. Gewinnen Sie den Schüler als motivierten Empfänger Ihrer Informationen.

24. Geschichten, die heilen

Es ist Jahrzehnte her: Ich war im Kino und sah die »Meuterei auf der Bounty«, einen Kinoklassiker. Obwohl mir die Details der Geschichte des Films nicht mehr bekannt sind, war ich damals – ich war etwa 18 Jahre alt – tief beeindruckt. Auf einem Schiff lieferten sich Matrosen Streit und Händel. Vor allem wirkte der Kapitän als tyrannischer Führer. Einer – der Held des Films – war sanft und schüchtern, getraute sich kaum, aus sich herauszugehen. Deswegen wurde er vom Kapitän und einigen Mitmatrosen besonders brutal behandelt. Eines Tages befahl der Kapitän sogar, ihn auszupeitschen. Das Blut floß ihm den Rücken hinunter. Und dann geschah das Unglaubliche: Er stellte sich vor den Kapitän, packte ihn, von ungebändigter Kraft erfaßt, versetzte ihm einen gezielten Faustschlag mitten ins Gesicht und übernahm das Kommando über die Leute, die ihn als Kapitän anerkannten.

Geschichten können tiefe Spuren hinterlassen, vor allem dann, wenn man sich mit ihnen identifizieren kann. Stellvertretend für mich sorgte dieser Filmheld damals für Gerechtigkeit, so daß ich komplett verändert, mit sichtbar gestärktem Selbstvertrauen in die harte Wirklichkeit hinausging. Ein tiefes Gefühl von Gewißheit, daß es schon richtig kommt, ergriff mich über längere Zeit: Ich fühlte mich auf einer existentiellen Ebene verstanden.

Das Erzählen von Geschichten hat seit altersher Tradition. Denken Sie etwa an die Märchen, die man Ihnen erzählt hat. Auch die Bibel, eines der fundamentalen Werke in unserem Kulturkreis, baut auf der Kraft der Gleichnisse und Sinnbilder auf. Botschaften werden auf indirektem Weg ins Unterbewußtsein an die tieferen Schichten der Persönlichkeit gesendet. Oft geschieht es, daß Menschen spontan eigene Geschichten erzählen, um damit etwas zu illustrieren, mitzuteilen oder einen Impuls für eine Veränderung auszulösen.

Warum können Geschichten so ausgiebig und nachhaltend wirken? Wir Menschen versuchen den Ereignissen, die uns widerfahren, Sinn zu geben.

Wenn wir Informationen bekommen, bemühen wir uns deshalb darum, einen Zusammenhang zu uns selbst herzustellen.

Gehen wir beispielsweise von folgender Annahme aus: Sie müssen eine wichtige Prüfung ablegen, die für Sie sehr belastend und beängstigend ist. Nehmen wir weiter an, daß Sie mit anderen Menschen darüber sprechen. Sie werden verschiedene Reaktionen auslösen. Sehr hellhörig werden Sie dann, wenn Ihnen jemand von einer persönlichen Erfahrung berichtet, die sehr beängstigend war. Sie werden der anderen Person fragend zuhören: Wie ist es ausgegangen? Welche Lösungen wählte sie? Wie hat sie sich dabei gefühlt? Wie hat sie sich aus dem Druck gelöst? Wie ist sie dabei vorgegangen? Sie hören hochkonzentriert zu, immer auf der Suche nach einem Lösungsangebot von außen. Wenn Sie nun hören, daß alles nichts genützt hat, nach vielen mühevollen Versuchen, dann wirkt diese persönliche Geschichte sehr entmutigend. Sehr aufmunternd und alle Ihre Kräfte aktivierend erleben Sie die Geschichte jedoch dann, wenn Ihnen die andere Person anschaulich und glaubwürdig schildert, wie sie am Schluß, nach Bewältigung der vielen Strapazen, auf wundervolle Weise mit einer guten Qualifikation abgeschlossen hat.

Es ist deshalb sehr wichtig, zu wissen, daß wir andere Menschen beeinflussen, sobald wir zu erzählen beginnen. Die Beeinflussung kann günstig oder ungünstig sein. Als Lehrende sollten wir deshalb besonders achtsam mit unseren täglichen Geschichten umgehen, die wir im Unterricht bewußt oder beiläufig produzieren. Wir können unsere Schülerinnen und Schüler bis in den Kern ihrer Persönlichkeit hinein beeinflussen. Nutzen Sie deshalb das Wissen über die Gestaltung von wirksamen Geschichten.

Grundideen zum Bau von Geschichten

1. Eine Geschichte ist dann am wirkungsvollsten, wenn sie eine Spiegelung oder Beschreibung des Problems, für das neue Wahlmöglichkeiten gesucht werden, darstellt. Hilfreiche Geschichten berücksichtigen die Einzigartigkeit jedes Menschen. Je genauer eine Erzählung auf die Individualität der Empfängerperson paßt, um so besser kann die Botschaft greifen, die man damit übermittelt.

2. Sie soll eine Lösung oder verschiedene Lösungsideen beinhalten, die neue Möglichkeiten im Umgang mit dem Problem eröffnen.

144

3. Die Präsentation und der Aufbau der Geschichte sollen das Bewußtsein durch die Faszination ablenken und dadurch die Botschaft direkt ans Unbewußte befördern. Spannend und außerhalb der rationalen Wahrnehmung ist eine Erzählung, wenn sie Neugier weckt, inhaltlich vielschichtig fesselnd ist und spannend erzählt wird.

Hören Sie sich die folgende Geschichte als Beispiel an, die ein Lehrer seiner „schwierigen Oberstufenklasse" erzählte, um dadurch ein Problem zu lösen. Sie können sich schon während des Lesens überraschen lassen, wie Sie die folgende Frage beantworten werden: Wofür suchte diese Geschichte eine Lösung? Für welche Art von Problem wäre diese Geschichte ein wunderbares Heilmittel?

Die Suche nach dem gemeinsamen Schatz*

Der Scheich Ali Mustapha Nedschran lebte im Königreich Oman in der Stadt Ras el Hadd. Er hatte von seinem Vater ein großes Grundstück mit einer kleinen Ölquelle geerbt. Dieses Vorkommen würde aber in den nächsten Jahren erschöpft sein. Zur Zeit ermöglichte es ihm aber noch einen fürstlichen Lebenswandel. Alis größter Stolz und natürlich auch sein größtes Vergnügen war sein Harem mit über 20 Frauen. In diesem Land war es seit altersher Brauch, daß ein Mann, sofern er es sich leisten konnte, mehrere Frauen heiratete.

Seine erste Frau hieß Nuria. Sie war groß und war einst die schönste Frau von Ras el Hadd. Sie war sehr scharfsinnig und glänzte mit ihrem Wissen. Im Laufe der Jahre hatte sie lernen müssen, ihren Platz mit vielen anderen Frauen zu teilen. Da gab es zum Beispiel Leila, eine zierliche Frau aus dem Südjemen, sie war zwar sehr schön, aber auch hochnäsig, und sie sprach omanisch mit einem sonderbaren Akzent. Oder Fatima, die Inderin, die Ali von einer seiner letzten Reisen mitgebracht hatte. Sie war sanftmütig und wurde deswegen oft verspottet, besonders auch, weil die anderen Haremsfrauen auf ihr umwerfendes Aussehen neidisch waren.

---

* Diese Geschichte verdanke ich einer Untergruppe eines Weiterbildungsseminars mit Lehrern in Zürich im Jahr 1994/95.

Es wurde viel gezankt und gestritten in diesem Harem. Stundenlang gifteten die Frauen einander an. Nun, sie hatten eben auch nicht viel anderes zu tun. Nuria sagte: „Im Südjemen leben sie nur von Schafskäse und Kamelmilch, nicht wahr, Leila?" Leila war beleidigt und entgegnete: „Und in deinem Land? Alles stinkt nach Erdöl. Die Luft, die Erde, das Wasser. Dafür seid ihr so reich, daß ihr von Tag zu Tag dümmer werdet. Du glotzt ja schon wie ein Kamel!" „Na, ja", erwiderte Nuria kühl, „der Neid der Besitzlosen". Dann ließ sie noch eine Bemerkung an Fatimas Adresse fallen: „Habt ihr gewußt, daß die Inder so bettelarm sind, daß sie die Mädchen töten, kaum daß sie auf der Welt sind? Was für ein wunderbarer Brauch! Warum haben sie dich eigentlich nicht beseitigt, Fatima-Schätzchen?" Fatima sank in sich zusammen, seufzte tief und leidvoll und flüsterte: „Inschallah!" Von Woche zu Woche wurden die Zänkereien schlimmer. Die einen wurden immer schnippischer, und die anderen versteckten ihre verweinten Augen hinter dem Sari. Ali, dem sehr an seinem Harem gelegen war, merkte, daß etwas nicht stimmte, wußte aber nicht was. Eines Tages besuchte ihn der Derwisch Nasrudin Madrakah. Die ganze Nacht saßen die zwei Männer zusammen, redeten, aßen, tranken Tee und rauchten die Wasserpfeife.

Am anderen Tag war der Derwisch weg, und Ali versammelte alle seine Frauen. Er sprach: „Derwisch Nasrudin hat mir einen Ort verraten, wo sich ein reicher Schatz befindet. Aber er wußte nicht mehr wo genau. Deshalb werden wir alle zusammen hingehen, denn fünfzig Augen sehen mehr als zwei. Macht euch bereit!"

Am nächsten Tag zogen sie los. Am Morgen fanden sie nichts. Am Nachmittag fanden sie auch nichts. Gegen Abend verirrten sie sich in eine Schlucht und bereiteten sich dort auf die Übernachtung vor. Da kam Fatima außer Atem vom Holzsuchen zurück: Sie sagte, sie habe ein Tor in der Felswand gefunden mit einer merkwürdigen Inschrift darüber. Sofort eilten alle hin. Die Steinplatten des Tores ließen sich aber nicht einfach wegschieben. Da plötzlich ertönte aus dem Innern der Höhle eine merkwürdige, dunkle Stimme: „Dieses Tor könnt ihr mit eurer körperlichen Gewalt nicht öffnen. Jeder und jedem von euch wird jetzt eine Frage gestellt, und wenn ihr sie beantworten könnt, wird sich das Felsentor öffnen."

Jetzt begann die Stimme jeder einzelnen Person eine schwierige Frage zu stellen. Fatima zum Beispiel erhielt folgende Frage: „Welches sind die vier Farben der Menschen?" Fatima überlegte nicht lange und sagte: „Rot, schwarz, gelb und weiß." „So ist es", dröhnte die Stimme, und jetzt war Nuria dran: „Welche Farbe hat Allah am liebsten?" Das war eine schwierige Frage für Nuria, denn das stand nicht im Koran, den sie so gut kannte. Schließlich sagte sie: „Allah hat alle Farben gleich lieb, denn er hat alle erschaffen." „So ist es", ertönte es aus der Höhle. Jetzt mußte Leila ihre Frage beantworten: „Was steht in der 27. Sure des Korans?" „Frau und Mann sind einander gleichgestellt", erwiderte Leila sofort. „So ist es", donnerte die Stimme, und so ging es weiter, und alle konnten ihre Frage richtig beantworten. Die Felsen schoben sich geräuschlos zur Seite, und die Gruppe konnte eintreten. Schnell war die Höhle erforscht. Da war nichts Besonderes. Und als sie schon wieder hinausgehen wollten, erschallte diese seltsame Stimme von neuem und sprach: „Zuhinterst findet ihr eine Truhe, in der sich der Schatz befindet, der für euch bestimmt ist. Wer den Deckel der Kiste heben kann, darf den Schatz behalten."

Nun suchten sie die Höhle noch genauer ab. Tatsächlich, im hintersten Gang war eine schwarze, große Kiste mit einem schweren Deckel. Zuerst stürzte sich Nuria darauf. Sie riß und zerrte, aber der Deckel bewegte sich keinen Millimeter. Erschöpft gab sie es auf. Jetzt durfte es Leila versuchen, aber auch sie hatte keinen Erfolg. Sie schürfte sich nur ihre feinen Hände auf. Fatima versuchte es mit einem Zauberspruch, aber das brachte genauso wenig. Nachdem die letzte Frau ihr Glück versucht hatte, wäre Ali an der Reihe gewesen. Aber er wollte sich keine Blöße geben und verzichtete darauf. „Was sollen wir tun?", fragte jemand. Eine Frau, die sonst sehr wenig sprach, schlug vor, daß alle miteinander an dem Deckel ziehen könnten. Gesagt, getan, und siehe, der Deckel hob sich langsam von der Truhe. Mit einem Ruck war sie offen – und – leer. Nein, zuunterst auf dem Boden lag ein kleines Brieflein. Schnell öffneten sie es und lasen: „IHR HABT DEN SCHATZ SCHON GEFUNDEN." Nachdenklich machten sie sich auf den Heimweg.

Fragen zur Geschichte

Nehmen Sie sich einen Augenblick Zeit, über die beiden folgenden Fragen nachzudenken, bevor Sie weiterlesen:

Für welches Problem sucht die Geschichte eine Lösung?

....

Worin besteht der Lösungsvorschlag?

....

Der Anlaß für diese Geschichte

Die Klasse, mit der dieser Lehrer arbeitete, war sehr bunt zusammengesetzt. Interessenschwerpunkte, kulturelle Hintergründe, Lebensweisen, die Fähigkeiten, Deutsch zu reden, und die Auffassungen über die Art, mit Konflikten umzugehen, waren sehr verschieden. Verschiedenheit war überhaupt das tragende Grundthema in dieser Klasse, was sich in zunehmenden perfiden und hinterhältigen Zänkereien auswirkte. Vor allem drehte sich der Konflikt um einzelne Schüler, die sich in rassistischer Manier bekämpften. Der erfahrene Lehrer hatte sein Repertoire ausgeschöpft und fühlte sich machtlos: Er hatte versucht, den Konflikt in Einzelgesprächen anzusprechen, die Ziele neu anzugehen und die Schüler für ein versöhnlicheres Lernklima zu gewinnen. Nichts schien zu gelingen. Dies war der Zeitpunkt, als er diese Geschichte erfand und sie der Klasse vortrug. Mit Erfolg, wie er mir später berichtete!

Schematische Darstellung des Aufbaus einer Geschichte

Strukturelle Ähnlichkeit zur Problemsituation herstellen

Problemerfahrung:	*Geschichte:*
Signifikante Personen	Darsteller in der Geschichte
Person 1	Gegenstand, Person, Pflanze, Tier 1
Person 2	Gegenstand, Person, Pflanze, Tier 2
Person 3	Gegenstand, Person, Pflanze, Tier 3
Verlauf des Problems in Wirklichkeit	Verlauf des Problems in der Geschichte
Vorkommnis 1	Ereignis 1
Vorkommnis 2	Ereignis 2
Vorkommnis 3	Ereignis 3

Beispiel: Die Suche nach dem gemeinsamen Schatz

148

Lehrer hat Problem mit Klasse	Scheich A. hat Problem in seinem Harem
Schüler 1 Schülerin 2 Schüler 3 externer Berater	Nuria Leila Fatima Derwisch Nasrudin
große Verschiedenheit/unterschiedliche Wertmaßstäbe	große Verschiedenheit/verschiedene Wertmaßstäbe unter den Haremsfrauen
Schilderung der Schülerunterschiede: ➤ Schüler 1/2/3	Schilderung der Unterschiede der Haremsfrauen: ➤ Nuria/Leila/Fatima
viel Streit unter den Schülern: ➤ rassistische Argumente spielen eine Rolle	viel Zank unter den Haremsfrauen: ➤ die Herkunft der Frauen gibt Anlaß zum Streit
Der Streit eskaliert unter den Schülerinnen und Schülern. Der Lehrer erkennt das Problem. Er findet **keine Lösung**.	Der Streit unter den Haremsfrauen eskaliert. Ali möchte Ruhe und Frieden. Es gibt **keine Lösung, bis er den Derwisch Nasrudin trifft und mit ihm redet**.

In diesem Beispiel können Sie Schritt für Schritt verfolgen, wie die erfundene Geschichte der Geschichte der Realität in groben Zügen folgt. Abweichungen von der Realität sind erstrebenswert überall dort, wo es um Ausschmückungen geht mit dem Ziel, das Bewußtsein abzulenken. Der Haupteffekt kommt zum Schluß: es wird die Botschaft suggeriert: „Denkt darüber nach! Werdet nachdenklich!" Und weiter: „Ihr habt die Lösung gefunden, nutzt sie! Gemeinsam geht es besser! Rivalitäten ruinieren eure Chancen!"

Die kürzeste Formel zum Aufbau einer Geschichte lautet:

1. **Nehmen Sie den Ablauf der realen Ereignisse, die zu keiner Lösung führen.**
2. **Übertragen Sie diese Sequenzen in eine andere Realität, und fügen Sie eine Lösung hinzu.**

Wenn Sie beginnen, Geschichten zu erfinden, haben Sie die Wahl, sich die Requisiten und das Bühnenbild aus verschiedenen Bereichen auszuleihen: Sie können für die Personen der Realität stellvertretend Tiere, Pflanzen oder auch Menschen, Gegenstände, oder was immer Ihnen sinnvoll erscheint, einsetzen. Sie können auch Träume, Erzählungen in der Erzählung, Erinnerungen usw. verwenden, um die Faszination Ihrer Geschichte zu erhöhen. Auch bezüglich der Zeiten, in denen Ihre Geschichte spielt, sind Ihnen keine Grenzen gesetzt: Gehen Sie in die Vergangenheit, Gegenwart und Zukunft, so wie Sie es gut finden.

Übungsvorschläge

1. Zeitungen und andere Texte bewußt mit dem „Geschichten-Ohr" lesen

Sie können Ihre nächste Lektüre unter dem Gesichtswinkel der Konstruktion von Geschichten betrachten. Jeder Text hat irgendeine Bedeutung. Oft ist sie versteckt und nicht explizit formuliert. Welche versteckte Botschaft wird damit übermittelt?

2. Schulen Sie Ihre Wahrnehmung beim Zuhören von Geschichten

Überall im privaten Bereich erzählen sich Menschen Geschichten. Es sind persönliche oder nacherzählte Erfahrungen. Nutzen Sie das Wissen über die Wirkung von Geschichten, das Sie in diesem Kapitel gewonnen haben: Hören Sie mit dem „Geschichten-Ohr" zu, wenn Freunde und Bekannte erzählen. Achten Sie besonders darauf, welche Wirkung diese Erzählungen bei den Empfängern bewirken? Wie enden die Geschichten? Suggerieren sie: „Es wird schlimm ausgehen!" Oder: „Es ist zwar schwierig, aber es wird eine Lösung gefunden werden!"? Sammeln Sie auf diese Weise täglich Erfahrungen im Umgang mit der Wirkung von Geschichten.

Ihr Geschichten-Repertoire wird sich beiläufig erweitern.

Eine spezielle Variante von Geschichten stellen die Witze dar. Hören Sie zu, wie jemand Witze gut »rüberbringt« und wie er die Gelegenheit aufbaut, um damit gut anzukommen. Wann entfalten Witze eine heilende Wirkung? Wann das Gegenteil?

3. Erzählen Sie Geschichten im Freundeskreis

Beginnen Sie damit, selber Geschichten zu erzählen. Lassen Sie sich überraschen, welchen Stoff Sie dabei aufgreifen. Bauen Sie diese Erzählung bewußt so auf, daß sie die für Sie richtige Wirkung erzeugt. Ich hoffe, daß auch für Sie die „richtige Wirkung" darin besteht,

Hoffnung, Freude, Veränderung usw. zu erzeugen. Vielleicht beginnen Sie – es wird Ihnen leichter fallen – mit der Übung, indem Sie sich zuerst Kindern zuwenden.

Möchten Sie auch Witze erzählen? Dann wählen Sie sie so aus, daß Sie damit etwas aufzeigen können. Lassen Sie sich überraschen, wie Sie dieses Ziel erreichen.

4. Verändern Sie Probleme mit Hilfe von Geschichten

Suchen Sie Situationen aus, die Ihnen begegnen, privat oder im Unterricht, die für Sie problematisch und unlösbar erscheinen. Ich denke dabei an kleinere oder größere Veränderungen, die Sie sich wünschen, bei denen Sie nicht glauben, sie mit rationalen Erklärungen lösen zu können. Entschlüsseln Sie das Problem zuerst, indem Sie es genau analysieren. Wie läuft es ab? Wer hat mit wem in welcher Reihenfolge was zu tun? Reaktionen und Aktionen können Sie genau unter die Lupe nehmen. Dann erfinden Sie eine Geschichte dazu. Wählen Sie zuerst einen Aufführungsort für das »Theater«. Versetzen Sie sich in ein anderes Jahrhundert. Suchen Sie die entsprechenden Besetzungen für die Rollen. Oder vielleicht wählen Sie eine Wildnis im Norden, in dem eine Bärenfamilie haust, die nun zur Darstellung der Geschehnisse stellvertretend eingesetzt wird. Setzen Sie Ihre gesamte Phantasie dazu ein. Eine weitere Möglichkeit bestünde darin, die realen Aktivitäten auf einem geheimnisvollen Planeten ablaufen zu lassen, wobei die Protagonisten des Dramas lebendige, mit übersinnlichen Mitteln kommunizierende Pflanzen sind. Entscheiden Sie sich für eine »Bühne«, die sich mit Ihren Geschichtenempfängern gut verträgt, damit diese fasziniert werden können. Wenn Sie nun die Geschichte vorbereitet haben, dann erzählen Sie sie. Achten Sie dabei auf die Wirkungen. Lassen Sie Ihre schauspielerischen und rhetorischen Talente voll und ganz zur Geltung kommen.

25. Drei mentale Zustände für verschiedene Aufgaben

Alle Menschen nehmen hinsichtlich der Zielarbeit drei unterschiedliche geistige Grundhaltungen oder mentale Positionen mehr oder weniger deutlich ein: 1. die visionäre Position oder die Perspektive des Träumers; 2. die realistische Position; 3. die kritische Position.

Mit diesen drei Rollen setzen Sie sich auch in Ihrem Klassenzimmer auseinander. Das Wissen darüber schützt Sie einerseits vor Fehldeutungen, und andererseits hilft es Ihnen, die darin eingebundenen Fähigkeiten zu nutzen. Betrachten wir die drei Positionen kurz:

Die visionäre Position

Wer die visionäre Rolle besetzt, entwickelt leicht große, weitgezogene Ideen, sieht das Gesamtbild und glaubt, alles sei möglich. Diese Position kümmert sich nicht um die Machbarkeit von Entwürfen. Es ist damit eine Aktivität verbunden, die ständig fasziniert, neue Ideen entwickelt. Wer diese Position einnimmt, sieht begeistert aus und bringt Optimismus zum Ausdruck.

Die realistische Position

Menschen in der realistischen Position sind handlungsorientiert. Die kurzfristigen Schritte stehen im Zentrum der Aufmerksamkeit. Eine zentrale Frage leitet die Gedanken und Handlungen an: Wie läßt sich etwas umsetzen? Es wird in dieser Rolle so gehandelt, als ob ein Ziel möglich wäre. Wer so denkt, sieht neutral, sachlich, eben »realistisch« aus.

Die kritische Position

Die kritische Position bewertet sämtliche Aspekte eines Projektes kritisch. Schüler in dieser Rolle gehen logisch vor. Sie fragen: Was wäre, wenn ein Problem auftauchen würde? Dazu entwickeln Sie Phantasien zu Problemen, die möglich wären. Sie beleuchten das Haar in der Suppe und werfen den Blick auf die Details, die fragwürdig erscheinen oder noch Lücken aufweisen. Wichtig ist: Sie vermeiden ein Problem, indem sie herausfinden, was fehlt. Die kritische Rolle ist sehr hilfreich bei jeder Ausführung einer Idee. Wenn diese Position vernächlässigt wird, kann es vor allem in der Schlußphase von Projekten zu sehr unangenehmen Überraschungen kommen.

Welche Konsequenzen ergeben sich für den Unterricht aus dem bisher dargestellten Wissen?

1. Lehren Sie Rollenbeweglichkeit.

Zur Erweiterung des Könnens und der vielfältigen Erfahrungen sollte jede Schülerin und jeder Schüler lernen, alle drei Positionen abwechselnd einnehmen zu können, den jeweiligen Anforderungen entsprechend. Eine Befreiung von fixierten Positionen ist das Ziel, um dadurch die größtmögliche Flexibilität zu erreichen. Die Rollenbeweglichkeit ist eine gute Investition ins zukünftige Leben, da es Wissen ist, das während des ganzen Lebens genutzt werden kann. Einmal erworben, hat es die Tendenz, sich selbst zu vervollkommnen. Hilfreich ist es, wenn Sie wissen, welche bevorzugten Rollen die einzelnen Schülerinnen und Schüler spontan einnehmen. Dadurch können Sie für jede Person individuelle Zielsetzungen ableiten.

2. Erwerben Sie selbst die größte Flexibilität.

Um diese Fähigkeit gut weiterzuvermitteln, ist es für Sie als Lehrperson wichtig, diese Rollenbeweglichkeit selbst zu erwerben und zu erweitern. Sie können Ihre Lernenden um so besser lehren, flexibel die Rollen zu wechseln, je besser Sie selbst dazu in der Lage sind. Vielleicht stellen Sie fest, daß auch Sie – wie die

154

meisten Menschen – dazu neigen, eine Rolle bevorzugt zu besetzen. Erweitern Sie Ihr Repertoire!

3. Nutzen Sie die Fähigkeiten der drei Positionen innerhalb Ihrer Lerngruppe.

Das Wissen um die Besetzung dieser drei Positionen durch Ihre Schülerinnen und Schüler wirft eine weitere wichtige Frage auf: Wie soll man am besten auf die einzelnen Positionen reagieren? Was wird von Ihnen verlangt hinsichtlich der Visionärsrolle, der Realistenrolle und der Kritikerrolle? Welchen Fallgruben gilt es auszuweichen, und welche Quellen stecken dahinter?

Trainingsvorschläge

1. Trainieren Sie Ihre Rollenflexibilität.

Dazu ist es wichtig, als erstes herauszufinden, welcher Position Sie am meisten verhaftet sind. Neigen Sie dazu, Ideen zu entwickeln, sehr realistisch auf Umsetzbares Ausschau zu halten oder die kritische Position einzunehmen? Vielleicht entdecken Sie, daß Sie von einer zur andern Position wechseln können, je nach Aufgabenstellung. Dann haben Sie die notwendige Rollenflexibilität schon zur Verfügung. Im anderen Fall nehmen Sie sich für jeden Tag eine kurze Zeit vor, während der Sie sich bewußt in einer der drei Positionen aufhalten. Zum Beispiel sagen Sie sich: »Diese Woche übe ich, den visionären Blickwinkel zu erweitern.« Beantworten Sie dann innerhalb der geplanten Zeit immer wieder die Frage: Welche zusätzlichen, neuen Ideen gibt es dazu noch? Eine gute Idee ist es, dafür ein Heft zu reservieren: das Ideenheft, Visionenheft. Notieren Sie hier ohne Zensur mögliche und unmögliche Ideen, die Ihnen in den Sinn kommen. Dadurch haben Sie eine Fülle von Gedankenmaterial, auf das sie später zurückgreifen können. Wenn Sie die realistische Position üben, halten Sie sich intensiv mit der Frage auf: Welche dieser Ideen läßt sich umsetzen? Wie würde das vor sich gehen? Und bei der kritischen Position beantworten Sie die Frage: Welche Probleme könnten sich stellen? Was ist fragwürdig am Ganzen? Was haben wir noch übersehen? Was könnte schieflaufen, und was wäre dann? Wie würden wir den Hindernissen begegnen?

2. Entdecken Sie den Umgang Ihrer Lernenden mit den drei Positionen.

Nehmen Sie sich eine bestimmte Zeit – ich schlage Ihnen wiederum vor, dafür jeden Tag einige Minuten zu reservieren –, innerhalb der Sie sich überraschen lassen über die Reaktionsweisen Ihrer Schülerinnen und Schüler. Wie zeigen sie sich? Visionär und ideenkreierend? Realistisch und auf Umsetzung bedacht? Kritisch und Hindernisse aufdeckend? Welche Schüler können leicht die Positionen wechseln? Welche sind festgefahren auf eine bevorzugte Rolle?

---

3. Nutzen Sie die »richtige« Reihenfolge der Positionen.

Innerhalb der Klassendynamik ist die Reihenfolge, in der sich Visionen, realistische Überlegungen und kritische Betrachtungen ablösen oder durchdringen, bedeutsam für das Gelingen eines Arbeitsprozesses. Oft melden sich beispielsweise Kritiker zu früh und blockieren dadurch den kreativen Prozeß. Oder die Realisten überlegen schon während der Ideenentwicklung: Ja, läßt sich denn so etwas wirklich durchführen? Es gibt eine empfehlenswerte Reihenfolge der Mitteilungen: Zuerst soll man alle möglichen Ideen nennen; dann sollen mögliche Realisierungen überprüft werden; am Schluß sind die kritischen Stimmen gefragt. Führen Sie das Gespräch innerhalb Ihrer Klasse – wenn Sie neue Projekte entwickeln wollen, bei Planungsarbeiten – so, daß Sie den Schülerinnen und Schülern helfen, jeweils bei einer Position zu bleiben. Sagen Sie vor allem den Kritikern: „Warte noch, das ist zwar wichtig, aber ich möchte später darauf zurückkommen." Am Schluß sprechen Sie die »zurückgestellten Schüler« an: „Jetzt möchte ich deine Einwände sehr gerne hören."

4. Erteilen Sie verändernde Aufträge.

Es gibt eine wirksame und einfache Möglichkeit, Ihre SchülerInnen in den verschiedenen Rollen zu trainieren: Erteilen Sie Ihre Aufträge so, daß jeweils eine Position gefragt ist. Angenommen, Sie haben die Idee, Ihre Schulzimmergestaltung zu verändern. Bei diesem Auftrag lassen Sie beispielsweise als Einstieg die Schüler in Untergruppen Ideen zum Thema entwickeln. Dabei machen Sie zuerst darauf aufmerksam, daß es wirklich nur ums Sammeln aller möglichen Ideen geht, also noch keine Antworten zur möglichen Realisierung gestellt werden. Anschließend erteilen Sie einen zweiten Auftrag: Die Gruppen sollen nun die Ideen einer realistischen Prüfung unterziehen, indem sie sich fragen: »Welche dieser Einfälle gefällt uns am besten? Wie ließe er sich umsetzen?« Und zuletzt lautet der dritte Auftrag: »Sucht jetzt nach allen möglichen kritischen Einwänden.«
Eine zweite Möglichkeit besteht darin, das gleiche Grundschema mit der ganzen Klasse gleichzeitig zu verwenden. Eine strenge Strukturierung ist dann von Ihnen gefordert.
Ich möchte Ihnen noch einen dritten Vorschlag zum Training der verschiedenen Postitionen unterbreiten: Setzen Sie die Untergruppen so zusammen, daß die Schüler bezüglich der bevorzugten Rollen »gemischt« sind. Das heißt: Jede Gruppe hat Vertreterinnen aus allen Positionen. Erteilen Sie unterschiedliche Aufträge. Gruppe A soll zum Beispiel weitere Ideen entwickeln. Gruppe B soll Ideen realistisch prüfen. Gruppe C soll bereits entwickelte Projekte kritisch hinterfragen.

5. Trainieren Sie dem Umgang mit den Rollen.

Üben Sie den bewußten »richtigen« Umgang mit den drei Rollen »Visionär«, »Realist« und »Kritiker« bei Klassengesprächen. Was heißt das? Die Einfallsreichen, Visionären können Sie unterstützen, indem Sie den Ideenfluß in Gang halten durch ermutigende Äußerungen wie: »Ja. Weiter so.« Lassen Sie den kreativen Fluß entstehen, ohne zu bewerten. Wenn sie bei der realistischen Phase angelangt sind, konzentrieren Sie sich auf Ideen zur Umsetzung. Halten Sie das Gespräch daran fest, bleiben Sie bei dieser Position, so lange, wie Sie es geplant haben, oder bis die Ideen erschöpft sind. Äußerungen von Kritikern in Ihrer Klasse lassen Sie zu einer Frage umformulieren, indem Sie selbst fragen: Wie lautet die Frage, die sich für das Projekt ergibt? Und was ist deine Frage? Unterstellen Sie der kritisierenden Person die besten Absichten, was Ihnen leichtfällt, sobald Sie sich bewußt sind, daß die kritische Betrachtung wirklich hilfreich ist. Dadurch wird für das ganze Projekt die Ökologie überprüft. Wichtig ist, diese kritischen Fragen wirklich an den Schluß des Prozesses zu verlegen, indem Sie etwa feststellen: Ich möchte diesen kritischen Einwand zurückstellen. Wir werden ihn später unbedingt benötigen.

26. Was Sie tun können, wenn die Arbeit Sie wie ein Gespenst verfolgt

Frau Kaiser, Lehrerin einer 8. Klasse, freut sich schon auf den Feierabend. Nur noch ganz wenige Schlußarbeiten sind zu erledigen. Sie beginnt mit der letzten Planungsarbeit für den morgigen Tag, als sie sich plötzlich unwohl fühlt. Die Ideen bleiben aus. Sie fühlt sich wie blockiert und gefangen in der Erinnerung an eine ungemütliche Szene mit einem Schüler. Sobald sie sich den Arbeitsinhalten zuwenden will, brechen Bilder und Gedanken störend über sie herein. Die Zeit vergeht, die Arbeit schleppt sich dahin, und die Arbeitszeit verlängert sich in den Feierabend hinein.

Herr Reger, Lehrer einer 5. Grundschulklasse, hat es geschafft, um 18.45 Uhr zu Hause einzutreffen. Er freut sich aufs Nachtessen zusammen mit seiner Frau und seinen beiden Töchtern. Nach dem Nachtessen zieht er sich in das Musikzimmer zurück und legt eine Musik-CD auf. Das heißt: Irgendwie kommt er gar nicht dazu, sich voll und ganz dieser Musik zu widmen, da er sich sehr erschöpft fühlt. Es macht sich in ihm eine wachsende Nervosität bemerkbar, Bilder vom Tag steigen auf, ungemütliche bedrückende Erinnerungen an eine Schülerin. Gedanken drehen sich in seinem Kopf. Er fragt sich: »Was habe ich heute wohl übersehen bei diesem Mädchen, war ich zu hart mit ihr, als ich jene Aufgabe nochmals von ihr verlangt habe? War mein Tonfall nicht richtig?« Dann bemüht er sich wieder, sich seiner Musik zuzuwenden. Dies mag jedoch einfach nicht so recht gelingen.

Die beiden Lehrer in diesen Beispielen leiden an Streßsymptomen. Wir alle sind ihnen in gewissem Maße ausgesetzt.

Ein wesentlicher Teil für den Aufbau von Streß sind die kleinen frustrierenden Situationen, die wir während des Tages nicht der versöhnlichen, reinigenden Betrachtung unterziehen können. Es gibt verschiedene gute Gründe dafür, daß wir Dinge, die uns während des Unterrichts schmerzen und ärgern, nicht

159

sofort genauer anschauen: Unsere Aufmerksamkeit ist durch andere Bereiche absorbiert. Viele Impulse erreichen uns gleichzeitig über mehrere Sinneskanäle, über die Augen, die Ohren sowie Berührungen und Gefühle. Wir haben einfach die Zeit nicht dazu. Wenn wir die Aufmerksamkeit intensiv auf einen Sinneskanal konzentriert haben, können Impulse in einem anderen Kanal direkt in unbewußte Bereiche eindringen, ohne daß wir sie sofort bemerken. Manchmal verlieren wir den Überblick über die Gesamtsituation. Dies sind nur einige Ideen, warum wir es zulassen, daß sich Streß während des Tages aufbauen kann.

Wenn diese Frustrationen nicht bereinigt werden, heißt das nicht, daß Sie sich bis zum Feierabend in Luft auflösen. Wenn wir während des Tages etwas nicht sofort erledigen können, arbeiten die unbeantworteten Fragen auf einer unbewußten Ebene so lange weiter, bis unser Organismus dafür eine befriedigende Lösung gefunden hat.

Wenn man sich nicht willentlich der Problematik zuwendet, findet die unbeachtete Thematik andere wirkungsvolle Wege, sich Gehör zu verschaffen, sofern dies nötig ist. Der Organismus meldet sich anhand von verschiedenen Symptomen. Zwei Beispiele dafür haben wir bei Frau Kaiser und Herr Reger gesehen.

Es gibt verschiedene Arten, wie sich Unerledigtes nach dem Unterricht melden kann, wie zum Beispiel durch:

➤ Denkblockaden bei der Vorbereitung oder beim privaten Lesen;
➤ Ablenkbarkeit von der Arbeit;
➤ enorme Müdigkeit;
➤ »Gepackt-Sein« durch ständig wiederkehrende innere Bilder und Gedanken aus dem Unterricht;
➤ ein Gefühl von: »Ich kann nicht abschalten, es dreht ständig weiter«;
➤ Aufwachen in der Nacht mit Erinnerungsbildern an den Unterricht;
➤ Fortsetzen der Arbeit in Alpträumen usw.

Daß wir manchmal auch nach dem Unterricht noch gefangen sind von Situationen aus dem Unterricht, ist normal und passiert den meisten Lehrerinnen und Lehrern.

Es gibt jedoch Lehrerinnen und Lehrer, denen es besonders gut gelingt, abzuschalten und Probleme umgehend zu verarbeiten. Andere Ausbilder dagegen fühlen sich in größerem Maße immer wieder von den Problemen und Fragestellungen aus dem Unterricht wie von einem Gespenst verfolgt.

Dann ist es sehr hilfreich, eine wirkungsvolle Methode zu kennen, wie man lernen kann, gut abzuschalten.

Ich möchte Ihnen hier ein Instrument anbieten, mit dem Sie lernen können, »gut abzuschalten«.

Den täglichen Abfallkorb leeren

1. Schenken Sie sich jeden Tag eine bestimmte Zeit, um den Übergang zwischen Arbeit und Privatbereich wirkungsvoll zu schaffen. Wählen Sie dazu einen bestimmten Platz aus, den Sie für das folgende tägliche Ritual einsetzen möchten. Setzen Sie sich bequem und entspannt hin. Sie werden an diesem Platz den Tag nochmals innerlich vorbeiziehen lassen. Dies können Sie auf verschiedene Art geschehen lassen: Entweder wählen Sie die visuelle Methode, indem Sie den Tag nochmals überblicken, oder Sie lassen sich gefühlsmäßig hindurchtreiben. Vielleicht gehen Sie dabei von einem für Sie im Moment unangenehmen Gefühl aus, und die Reise in die Vergangenheit des verflossenen Arbeitstages beginnt damit.

2. Sortieren Sie jene Stellen des Tages aus, die Sie nachher noch genauer betrachten wollen. Es sind jene Situationen, die Sie gefühlsmäßig besonders berühren und bei denen Sie merken: Da ist noch etwas unklar. Legen Sie sie auf die Seite damit Sie sie nachher wieder an jenem Ort finden. Es kann auch sein, daß Sie mit dem Ablauf des Tages absolut zufrieden sind. Dann ist es in Ordnung so.

3. Nehmen Sie jetzt die erste Stelle aus dem Tagesablauf, die Sie nochmals genauer unter die Lupe nehmen wollen. Führen Sie die Szene auf einer imaginären Leinwand – wählen Sie den für Sie richtigen Abstand – vor. Schauen Sie genau, was er oder sie (Sie selbst dort vorn als Hauptdarstellerin oder -darsteller) macht. Schauen Sie den kompletten Filmausschnitt an. Stellen Sie sicher, daß Sie sich von außerhalb betrachten.

4. Schauen Sie den Ausschnitt nochmals an, und überlegen Sie dabei: »Was gibt es dort für mich zu lernen?« Während Sie die Szene betrachten, können Sie sie innerlich kommentieren: »Sie macht X und jetzt Z. Wie ich sie kenne, hätte sie dort auch P machen können ...« Sie reden also über jene Hauptperson im Film. Ein gutes Lernergebnis kann darin bestehen, daß Sie erkennen: Jene Person, »die ich ist«, hat richtig reagiert. Es war eben wirklich eine sehr schwierige Situation.

5. Nachdem Sie den Film zu Ende gesehen haben und Sie daraus gelernt haben, können Sie sich überlegen, wie Sie dieses neue Wissen nutzen wollen. Stellen Sie sich folgende Fragen: »Kann ich etwas korrigieren mit bestimmten Menschen, mit denen ich es zu tun habe? Gibt es etwas zu bereinigen, zu klären?« Überprüfen Sie genau, welche Nachteile eine

solche Klärung oder Bereinigung bringen könnte, für Sie, die andere Person oder Personengruppe, den Kontext.
Können Sie sich selbst in Zukunft anders verhalten, falls eine vergleichbare Situation wieder auftritt? Wie genau, wo und zu welchem Zeitpunkt, mit wem würden Sie sich aufgrund dieses Wissens anders verhalten?
Oder lernen Sie daraus, daß Sie nichts tun können? Wie wollen Sie damit umgehen?

6. Wenden Sie sich anschließend in der gleichen Art den anderen Filmsequenzen zu, die Sie bei der ersten Betrachtung aussortiert haben.

27. LQ: Ihr persönlicher Lehr-Quotient

Mit Hilfe des folgenden Tests können Sie Ihren persönlichen Lehr-Quotienten (LQ) feststellen. Der Lehr-Quotient mißt Ihre Lehr-Qualität und gibt Ihnen zudem Aufschluß über erstrebenswerte Erweiterungen Ihres Könnens. Beantworten Sie ehrlich und spontan, inwieweit die folgenden Aussagen zutreffen. Je mehr sie zustimmen, um so höher ist die Bewertung.

Beispiel: »Ich kann gut von der Arbeit abschalten und mich der Freizeit zuwenden.« Angenommen, Sie stimmen vollkommen mit dieser Aussage überein, dann kreuzen Sie 6 an. Wenn die Aussage für Sie nicht zutrifft, dann kreuzen Sie 1 an. Sollten Sie eine Aussage nicht beantworten können – weil zum Beispiel Informationen vorausgesetzt werden, über die Sie nicht verfügen –, dann fahren Sie mit der nächsten fort.

1 = stimmt nicht; 6 = stimmt hundertprozentig. 2 – 5 sind Abstufungen in die eine oder andere Richtung.

	1	2	3	4	5	6
1. Ich unterhalte grundsätzlich zu allen Schülerinnen und Schülern eine positive Beziehung. Die Schüler schätzen und respektieren mich.						
2. Ich stärke die Positionen untergeordneter Schülerinnen und Schüler, indem ich ihnen helfe, zu Wort zu kommen.						
3. Meine Klasse kennt die Ziele meiner Lektionen immer.						
4. Ich respektiere alle Standpunkte in meiner Klasse und lasse sie als Meinungen gelten, auch wenn ich nicht damit einverstanden bin.						

	1	2	3	4	5	6
5. Ich schenke meinem Gegenüber bei Gesprächen mein Interesse und meine volle Aufmerksamkeit.						
6. Ich kann nach der Arbeit gut abschalten und mich der Freizeit zuwenden.						
7. Ich baue den Unterricht, wann immer möglich, auf den Hauptinteressen der Schülerinnen und Schüler auf.						
8. Ich bin ein Beispiel für höflichen Umgang.						
9. Ich wähle regelmäßig auch Arbeitsmethoden, die die Selbständigkeit fördern, wie zum Beispiel: Werkstattunterricht, Gruppenarbeiten usw.						
10. Ich kenne die »Führungspersönlichkeiten« – das heißt: die einflußreichen Lernenden – in meiner Klasse und habe eine gute Beziehung zu ihnen.						
11. Ich nutze die Möglichkeiten des »MindMappings« in meinem Unterricht.						
12. Ich kenne meine wichtigsten Werte.						
13. Ich kenne die am Rande stehenden Schülerinnen und Schüler und versuche, sie bewußt zu integrieren.						
14. Ich beantworte in der Regel alle Fragen. Ich beginne damit, indem ich etwa sage: „Habe ich dich richtig verstanden, du fragst, ob ...?" Ich beende die Antwort, indem ich sage: „Bist du zufrieden mit der Antwort?"						
15. Ich gebe den Schülerinnen und Schülern Gelegenheit, mit Hilfe bestimmter Regeln die eigenen Texte zu korrigieren.						
16. Meine Schülerinnen und Schüler können sich mir gegenüber so verhalten, wie ich mich ihnen gegenüber, ohne dadurch die Regeln des Anstandes zu verletzen.						
17. Ich kenne mein persönliches Muster, Konflikte zu lösen.						

	1	2	3	4	5	6
18. Ich habe Möglichkeiten, mich selbst jederzeit in den besten Lehrzustand zu versetzen.						
19. Ich unterrichte anschaulich, gut strukturiert und gut verständlich.						
20. Ich gebe den Stoff-Fahrplan früh genug bekannt.						
21. Ich kenne die Wirkung von Geschichten und nutze sie im Unterricht.						
22. Ich weiß und zeige den Schülerinnen und Schülern, wie man die Hausaufgaben rasch und gut erledigen kann.						
23. Ich kenne die Konflikttypen meiner Schülerinnen und Schüler.						
24. Ich kann mich gut vor meinen negativen Erwartungen Schülern gegenüber schützen.						
25. Ich äußere den Lernenden gegenüber oft und laut, was mir an ihnen gefällt.						
26. Ich setze für die Schülerinnen und Schüler kleine, erreichbare Ziele.						
27. Ich unterbreche destruktive Selbstkommentare von Schülerinnen und Schülern (z.B.: „Ich bin ein Idiot!") und biete ihnen alternative Äußerungen dafür an.						
28. Ich schreibe bei schriftlichen Arbeiten als Kommentar konkret dazu, was mir gefallen hat.						
29. Ich greife jeden Beitrag von Lernenden auf und suche nach einer Möglichkeit, diesen als sinnvolle Ergänzung in den aktuellen Lernstoff zu integrieren.						
30. Ich gebe der Klasse regelmäßig Gelegenheit, bestimmte Themen in Kleingruppen zu diskutieren.						

	1	2	3	4	5	6
31. Ich halte die Lernenden dazu an, einander zuzuhören und einander ausreden zu lassen.						
32. Ich höre bei Kritik, die mir entgegengebracht wird, zu, lasse die andere Person ausreden und bringe dann die Kritik auf die Sachebene. Ich nehme es nicht persönlich.						
33. Ich führe die Schüler beim Unterrichten immer wieder durch die fünf Schritte der wirkungsvollen Lesemethode: Überblick verschaffen lassen; Fragen stellen lassen; Text lesen und verinnerlichen lassen; rekapitulieren.						
34. Ich pflege ein befriedigendes Freizeitverhalten.						
35. Wenn ich Schwierigkeiten mit einer Schülerin oder einem Schüler habe, benenne ich den Konflikt so klar und verständlich wie nur möglich durch Beispiele und Fakten. Auch meine Gefühle und die Folgen nenne ich.						
36. Ich habe meiner Klasse Regeln beigebracht, die sicherstellen, daß generell Ruhe im Klassenzimmer herrscht.						
37. Ich teile einer anderen Person freundlich mit, was ich mir anders wünsche, wenn sie sich nach meinem Dafürhalten daneben verhält.						
38. Ich kann Schüler wirkungsvoll aus festgefahrenen Zuständen herausholen und sie mit ihren Fähigkeiten in Kontakt bringen.						
39. Meine Klasse hat gelernt, ruhig ins Klassenzimmer zu kommen, ruhig an den Platz zu gehen und sich dadurch in den besten Lernzustand zu begeben.						
40. Bei auftauchenden Herausforderungen analysiere ich, auf welcher Ebene das Problem stattfindet: Beziehung? Zielebene? Methodenebene?						
41. Bei Konflikten höre ich gut zu, so daß ich die Situation, Denkweise und die gefühlsmäßigen Voraussetzungen meines Gegenübers verstehe.						

	1	2	3	4	5	6
42. Ich frage bei Gesprächen sofort respektvoll nach, wenn mir etwas unklar ist, um sicher zu sein, daß ich mir das gleiche Bild wie die andere Person mache.						
43. Ich ermutige die Schüler, konstruktiv zu kritisieren. Ich zeige ihnen auch, wie sie dabei vorgehen können, und mache dieses Thema auch zum Unterrichtsinhalt.						
44. Meine Schüler bewerten sich regelmäßig zusätzlich zu meiner Bewertung auch selbst und messen sich dabei an den klar formulierten Zielen.						

Auswertung

Sie ermitteln nun Ihren persönlichen Lehrquotienten, der Ihre Lehrqualität zum Ausdruck bringt, folgendermaßen:

1. Ermitteln Sie die Summe aller Werte zu den einzelnen Fragen.

Das heißt: Addieren Sie sämtliche Werte, die Sie bei den 44 Äußerungen notiert haben. Jene Fragen, die Sie nicht beantworten konnten, vernachlässigen Sie einfach bei diesem Schritt. Mindestziel sind 40 Antworten, um zu bedeutsamen Aussagen zu kommen.

2. Dividieren Sie die Summe aller Werte durch die Anzahl der angekreuzten Äußerungen.

Sie haben beispielsweise 40 Aussagen markiert und die Summe 200 ermittelt. Dann dividieren Sie die Zahl 200 durch 40 und erhalten 5. 5 wäre somit Ihr persönlicher LQ oder Lehr-Quotient.

Ihre Resultate

6 = sehr gut. Fahren Sie so fort. Sie können alt werden mit diesem Beruf. Sie haben das Wesentliche des Unterrichtens erfaßt. Ihnen gelingt es, die Schüler und sich selbst ernst zu nehmen. Sie haben eine Klarheit in Ihren Zielen und sind begnadet auf der methodischen Ebene.

5 = gut. Auch Sie haben das Wesentliche erfaßt. Fahren Sie so fort. Sie können aufgrund Ihrer Antworten selbst analysieren, wo sich noch kleine Verbesserungen erreichen lassen.

4 = Ihre Lehrqualität ist genügend. Bauen Sie Ihre Qualitäten weiterhin aus, oder behalten Sie sie bei. Sofern Sie eine Verbesserung anstreben, empfehle ich Ihnen, die entsprechenden Übungen in diesem Buch sorgfältig und regelmäßig durchzuführen. Dies wird Sie vor einer vorzeitigen Lehrvergreisung bewahren.

3 = Ihre Lehrqualität hat einige Vorzüge. Diese genügen vermutlich noch nicht. Entwickeln Sie Ihre Lehrqualitäten. Eine gute Idee ist das systematische Training mit Hilfe der Übungen in diesem Buch.

2 = Es scheint, als ob Ihre Lehrqualität stark verbesserungswürdig sei. Laufen Sie nicht ernsthaft Gefahr, die nächsten Jahre nicht gesund zu überstehen? Haben es Ihre Schülerinnen und Schüler gut mit Ihnen? Sie haben die beste Gelegenheit, jetzt einiges zu überdenken. Nutzen Sie die Chance!

1 = Sie können sich gratulieren zu Ihrer selbstkritischen Ehrlichkeit. Sie dürften einen schweren Stand mit Ihrer Klasse haben. Auch für Sie gibt es viele Chancen zu nutzen. Entdecken Sie sie, und nutzen Sie sie! Sofort!

Wenn Sie Ihren Fragebogen betrachten, finden Sie sofort jene Wertungen, die tief liegen. Dies sind Hinweise, wo Sie etwas dazulernen können. Wenn Sie beispielsweise bei der Frage 10: »Ich kenne die Führungspersönlichkeiten in meiner Klasse ...« die Bewertung 2 gegeben haben, dann dürfte dieses Ergebnis für Sie eine Herausforderung sein, mehr über die »Führungspersönlichkeiten« in Ihrer Klasse zu entdecken. Sie finden für jede der 44 Fragen die entsprechenden Kommentare und Übungsvorschläge in diesem Buch.

Literatur

Andreas, Steve & Faulkner, Charles (Hrsg.): *Praxiskurs NLP*. Junfermann, Paderborn 1997.

Beyer, Maria: *BrainLand. MindMapping in Aktion*. Junfermann, Paderborn ³1997.

Dilts, Robert: *Know how für Träumer, Strategien der Kreativität*. Junfermann, Paderborn 1994.

Dilts, Robert: *Kommunikation in Gruppen & Teams. Lehren und Lernen effektiver Präsentationstechniken. Angewandtes NLP*. Junfermann, Paderborn 1997.

Edwards, Betty: *Garantiert Zeichnen Lernen*. Rowohlt, Reinbek.

Gordon, David: *Therapeutische Metaphern*. Junfermann, Paderborn ⁵1995.

Kobler, H.P.: *Neues Lernen für das Land*. Junfermann, Paderborn ²1998.

Näf, Regula: *Rationeller Lernen lernen*. Beltz, Weinheim.

Satir, Virginia: *Kommunikation, Selbstwert, Kongruenz*. Junfermann, Paderborn ⁵1996.

Schusser, Gerhard: *Lehrererwartungen*. Goldmann, München.

Tausch, Reinhard: *Erziehungspsychologie*. Hogrefe, Göttingen.

Wycoff, Joyce: *Gedanken-Striche*. VAK, Freiburg 1993.

NLP in der Unterrichtspraxis

Dr.phil. Hans-Peter Kobler
Psychotherapeut FSP
Limmatstraße 184
CH-8005 Zürich
Tel./Fax 01 272 32 35

NLP-Seminare für Lehrende, maßgeschneiderte Kurse,
Beratung, Psychotherapie, Supervision

Information zur
Aus- und Fortbildung in NLP

NLP in Winzenburg !

BILDUNGSSTÄTTE
HOEDEKENHUS e. V.
Lamspringer Str. 24
D-31088 Winzenburg
Tel.: 0 51 84 / 82 32; Fax: 16 88
bildungsst.hoedekenhus @ t-online.de

NLP-Ausbildungen: Practitioner, Master und Trainer
NLP und Business • NLP und Pädagogik • Coaching

NLP und Coaching
Kurszentrum Aarau (Schweiz)

Laurenzenvorstadt 87
CH-5000 Aarau
Telefon/Fax: 00 41 (0) 62 823 10 10

Thies Stahl Seminare

Dipl.-Psych. Thies Stahl

Drosselweg 1
D-25451 Quickborn
Tel.: 0 41 06 / 8 23 81 • Fax: 0 41 06 / 8 23 83

Training • Beratung • Supervision
für professionelle Kommunikatoren

NLP in Österreich

Österreichisches Trainingszentrum für NLP

35 Tage NLP-Practitioner & 27 Tage Master Practitioner-Kurse
4jährige NLP-Professional-Ausbildung für
Coaching, Supervision und Therapie
Ausbildung zum Lebens- und Sozialberater

Dr. Brigitte Gross, Dr. Siegrid Schneider Sommer,
Dr. Helmut Jelem, Mag. Peter Schütz

Internationaler Beirat: Robert Dilts, Gene Early, Joanne Riou

Widerhofergasse 4
A-1094 Wien

Tel.: 0043/1/317 67 80
Fax: 0043/1/317 67 81-22

Mentoren Metaphern und Modelle

256 Seiten, kart.
DM 39,80
ISBN 3-87387-305-5

Für die „wahren" Pädagogen unter uns gibt es in diesem Buch Füllstoff: Vom Leerer zum Füller zum Pädagogen. Auf einer Lehrerfortbildungsveranstaltung hatte Diana Beaver ihren Erkenntnisschock bezüglich der Mißachtung der Lernvorbereitung und Lernstimmung der teilnehmenden Kollegen. Lernen kann gar nicht funktionieren, wenn nicht die Gehirne, die Körper und die Herzen in lernfroher Bereitschaft sind. Sie konnte von da an das traditionelle Erziehungssystem als Lehrerin nicht mehr unterstützen und verließ es. Sie bildete sich daraufhin in NLP aus, holte sich Wissen und Ideen aus dem Mentalen Training, der Lernforschung und vernetzte dieses Gut zu ihrem pädagogischen Konzept des „Locker Lernens".

Neben laufenden Ahas finden die LeserInnen verblüffend natürliche und praktische Tips, die pädagogische Methodik/Didaktik den Bedingungen des gehirngerechten Lehrens und Lernens effizienter und gerechter zu machen.

Diana Beaver ist NLP-Trainerin der Society of NLP. Sie arbeitet mit Klienten und veranstaltet Seminare für Firmen sowie für das Schul- und Gesundheitswesen in Großbritannien.

JUNFERMANN VERLAG • Postfach 1840
33048 Paderborn • Telefon 0 52 51/3 40 34